UTB **3021**

W0178430

Eine Arbeitsgemeinschaft der Verlage

Böhlau Verlag · Köln · Weimar · Wien
Verlag Barbara Budrich · Opladen · Farmington Hills
facultas.wuv · Wien
Wilhelm Fink · München
A. Francke Verlag · Tübingen und Basel
Haupt Verlag Bern · Stuttgart · Wien
Julius Klinkhardt Verlagsbuchhandlung · Bad Heilbrunn
Lucius & Lucius Verlagsgesellschaft · Stuttgart
Mohr Siebeck · Tübingen
C. F. Müller Verlag · Heidelberg
Orell Füssli Verlag · Zürich
Verlag Recht und Wirtschaft · Frankfurt am Main
Ernst Reinhardt Verlag · München · Basel
Ferdinand Schöningh · Paderborn · München · Wien · Zürich
Eugen Ulmer Verlag · Stuttgart
UVK Verlagsgesellschaft · Konstanz
Vandenhoeck & Ruprecht · Göttingen
vdf Hochschulverlag AG an der ETH Zürich

Athina Lexutt

Luther

Böhlau Verlag Köln Weimar Wien · 2008

Athina Lexutt ist Professorin für Kirchengeschichte am Institut für Evangelische Theologie der Universität Gießen.

Bibliografische Information der Deutschen Nationalbibliothek:
Die Deutsche Nationalbibliothek verzeichnet diese Publikation in der Deutschen Nationalbibliografie; detaillierte bibliografische Daten sind im Internet über http://dnb.ddb.de abrufbar.

ISBN 978-3-8252-3021-0 (UTB)
ISBN 978-3-412-20125-8 (Böhlau)

Umschlagabbildung:
Lucas Cranach d. Ä., Martin Luther, 1529, Florenz, Galleria degli Uffizi,
© akg-images, Berlin

Reihenkonzept und Umschlagentwurf: Alexandra Brand
Umschlagumsetzung: Atelier Reichert, Stuttgart
Satz: Wissenschaftlicher Bücherdienst, Köln
Druck und Bindung: AALEXX Druck GmbH, Großburgwedel
Gedruckt auf chlor- und säurefreiem Papier
Printed in Germany

ISBN 978-3-8252-3021-0

Inhaltsverzeichnis

Vorwort

„Wer sich in Luthers Denken vertieft […], wird herausgefordert und ge-
stärkt zu einer gesamtchristlichen Verantwortung, bei der es auf den Wahr-
heitsernst des Einzelnen ankommt." So formulierte Gerhard Ebeling im
Jubiläumsjahr 1983 unter dem Titel „Was Luther mir bedeutet". Würde
man weiter suchen und sammeln, so hätte man schnell eine ganze Palette
an Bedeutungselementen beisammen, die vermutlich im Grundtenor mit
Ebeling übereinstimmten. Auch mein persönlicher Umgang mit dem Wittenberger Reformator lebt von Herausforderung und Stärkung, manchem
Ärger, viel Vergnügen, Zweifel und Unverständnis, Klarheit und Einsicht.
Luther war, ist und bleibt ein nicht auszuforschendes Feld für Theologie
und Theologen, für Kirche und Alltag, für Universität und Gesellschaft. Für
die Leser dieses Bändchens – und für mich.

An dieser Stelle ist vielfältig zu danken: dem Böhlau-Verlag, insbesondere Frau Elena Mohr, für die Anregung zu solchem Unterfangen und der
freundlichen und kompetenten Begleitung; meinen Mitarbeitern an der
Professur, vor allem Herrn Johannes Schneider für die aufreibenden Kor-
rekturarbeiten, sowie Herrn Christian Obermayer und Frau Anna Da-
wood; meinen Studierenden für so viele anregende Seminarstunden über
unterschiedlichste Themenfelder, in denen wir uns die Köpfe heiß diskutiert haben; den Vielen vor mir, auf deren Schultern stehend ich erfahren
durfte, was es heißt, sich in das Denken Luthers zu vertiefen; Oswald Bayer,
mit dem ich nicht nur die Liebe zu Luther teile; und all den Menschen um
mich herum, allen voran meiner Mutter, die mich immer wieder auf den
Boden der Tatsachen zurückholen und mir deutlich machen, warum und
wozu wir im Ersten und im Letzten Theologie treiben!

Hennef, im Dezember 2007   *Athina Lexutt*

Einleitung

Was es heißt, nach Luther und seiner Theologie zu fragen

An Luther kommt man nicht vorbei. Natürlich und vor allem nicht in einem Studium der Theologie, namentlich der Evangelischen Theologie, auch nicht in einem Studium der Geschichte oder der Germanistik oder der Philosophie. Aber genauso wenig in der nicht-akademischen Welt. Und das gilt immer noch, fast 500 Jahre nach seinem Wirken. Es gibt kein Vorbei: nicht in Zeitungen; nicht im Fernsehen; nicht einmal mehr im Kino. Selbst in so geschichtsvergessenen oder -verdrängenden Tagen wie den unseren ist und bleibt er eine Lichtgestalt, dessen Namen man noch kennt. Mindestens. Sein Konterfei prangt auf Spiegel- und GEO-Titelseiten; bei der Wahl zum besten Deutschen belegte Luther einen beachtlichen zweiten Platz; jüngst wurde er neben Goethe, Beethoven, Einstein und anderen in einer Serie unter dem Titel „Giganten" als ebensolcher gefeiert; und seit eine Fernsehzeitschrift zum Luther-Film schrieb „Luther war noch nie so sexy!", gibt es wohl wirklich keinen Weg mehr an Luther vorbei.

Warum ist das so? Warum faszinierte dieser Martin Luther die Menschen des 16. Jahrhunderts? Und warum tut er es auch heute noch? Auf diese zweifellos drängende Frage eine Antwort zu versuchen, wäre – jedenfalls zu diesem frühen Zeitpunkt – zwar eine Versuchung, vielleicht sogar die zarteste Versuchung, seit es Luther gibt. Aber wie das so ist mit Versuchungen: Man kommt mit ihnen nicht so sehr weit oder aber in Richtungen, in die man eigentlich gar nicht wollte. Man würde etwa in billiger Heroenverehrung steckenbleiben oder sich in gekünstelter Distanz verausgaben. Gerecht würde man dabei aber weder Luther noch den Menschen heute, denen er, so scheint es, immer noch etwas zu sagen hat. In dem Wunsch, sein Gedankengut für die Fragen und Probleme suchender Menschen fruchtbar zu machen, würde man wahrscheinlich einen Anachronismus an den anderen reihen und leichtfüßig einen Graben von einem halben Jahrtausend überspringen wollen, der sich aber nicht leichtfüßig überspringen lässt. Dabei kann man nur untergehen. Und, was weit schlimmer ist, Luther und seine Sache gingen gleich mit unter.

Dieses Buch will dagegen Martin Luther vergegenwärtigen. Das kann nicht bedeuten, ihm ohne Beachtung des historischen Zwischenraumes gewissermaßen ein Mikrofon unter die Nase zu halten und zu fragen: „Herr Luther, was sagen Sie denn dazu? Wie finden Sie die Gesundheitsreform? Was halten Sie von Embryonenforschung? Halten Sie den Einsatz deutscher Soldaten im Kosovo und in Afghanistan für gerechtfertigt?" So mit Luther umzugehen, ihn auf den Leisten der Gegenwart zu schlagen und seine Texte wie einen Steinbruch als Zitatenschatz in aktuelle Probleme hinein zu verwenden – das käme einer Vergewaltigung gleich. Luther zu vergegenwärtigen muss vielmehr bedeuten, ihn zunächst in seiner Zeit lebendig werden zu lassen, ihn vor dem Hintergrund seines Zeitgeistes zu verstehen und das Besondere, das Spezifische und Charakteristische seiner Aussagen in diesem Kontext zu eruieren. Erst von dort aus darf die Frage nach dem Profil gestellt werden, und wiederum erst von dort aus die nach Merkmalen einer protestantischen, einer lutherischen Identität.

Ohne jetzt in extenso darzulegen, was unter Identität zu verstehen ist, würde es bei dieser Frage um die Eruierung dessen gehen, was sozusagen unverzichtbares protestantisches Gedankengut ist. Und zwar so unverzichtbar, dass es bis in die Gegenwart hinein Gültigkeit besitzt und unverwechselbar in fast alle Fragen aller Zeiten hinein Antworten liefert oder jedenfalls ein Gerüst, um das herum solche Antworten gefunden und gestaltet werden können. Luthers zahlreiche Texte wären dann kein Zitatenschatz, sondern vielmehr eine Art Kompendium für protestantisches Ist und Soll.

Protestantisches Ist und Soll hat ein einziges, unverwechselbares und unvergleichbares Woher: die Heilige Schrift. Das gilt es vor allem anderen festzuhalten und zu betonen. Bei allem, was Luther damals und heute zu sagen hat, muss er sich – genau wie alle, die Theologie treiben – messen lassen an der Schrift. Mit Luther wird noch zu lernen sein, warum der Schrift über und vor allen und allem anderen eine solche Autorität zukommt. Für den Augenblick ist wichtig festzuhalten, dass eine „Heiligenverehrung" Luthers sich von dort aus verbietet. Luther versteht sich selbst in all seinem theologischen Tun und Reden als Ausleger der Schrift; als solcher ist er wahr- und ernstzunehmen. Nicht mehr. Aber auch nicht weniger. Sein Profil zu zeichnen, kann und darf daher nur den einen Zweck verfolgen: über und mit ihm sich in die Schrift und ihr Zeugnis mitten hinein zu bewegen und sie dann zur Sprache zu bringen und zu der ihr eigenen Geltung kommen zu lassen.

Die Predella, gewissermaßen also das Fundament des Reformationsaltars in Wittenberg veranschaulicht genau dies in vortrefflicher Weise. Luther ist eine wichtige Gestalt auf diesem Bild. Die zentrale Gestalt aber ist allein Jesus Christus, und zwar als der Gekreuzigte. Luther hat auf ihn

Lucas Cranach d. Ä., Die Predigt, Predella des Reformationsaltars, St. Marien, Wittenberg, um 1547–1552

allein zu verweisen, weg von sich selbst auf die Botschaft dessen, der um der Erlösung willen Hohn, Schmach, Spott und schließlich den Tod erlitten hat. Jedes Buch, jeder Vortrag, jeder Bericht, jeder Film, der auf Luther verweist, hat also durch ihn hindurch wiederum allein auf Christus zu verweisen und auf die Botschaft des Evangeliums. Genau darin unterscheidet sich wahre von falscher Theologie, oder besser: Theologie von Nicht-Theologie: dass sie von sich weg weist, fort von ihrem eigenen Wort auf das Wort Gottes, um das allein es geht. Theologie ist das reflektierte Zur-Sprache-Bringen des in Jesus Christus offenbar gewordenen Verheißungswortes Gottes. Von daher heißt Theologe zu sein nicht, einen bestimmten Beruf auszuüben; Theologe zu sein heißt vielmehr, in Verantwortung gegenüber Gott und den Menschen die heilbringende Botschaft des Evangeliums Jesu Christi zu vergegenwärtigen. Theologe ist jeder, der sich von der Sache in seinem Gewissen ergriffen erfährt und durch Anfechtung und Trost hindurch anderen gegenüber von dieser Ergriffenheit Zeugnis ablegt. Wer Luther vergegenwärtigt, der tut dies, um mit seiner Hilfe genau in diesem Sinne Theologie zu treiben.

Das hat Konsequenzen auch für dieses Buch. Es will Luther vergegenwärtigen. Es will sein Profil eruieren, um Impulse für unser theologisches Profil heute zu gewinnen. Es gilt zu entdecken, wie Luther als Kind seiner Zeit die Heilige Schrift interpretiert, was er als ihre Kernpunkte herausgeschält und wie er das in bestimmte Formen und Formeln gegossen hat. Und zwar solche Formen und Formeln, die über ihren konkreten Kontext hinaus auch heute noch als Formen und Formeln einer protestantisch-theologischen Existenz Geltung beanspruchen dürfen. Genau dann und nur so ist eine Vergegenwärtigung der Theologie Luthers auch zugleich eine Vergegenwärtigung dessen, was unsere theologische Existenz hier und heute profiliert. Ich sage bewusst „profiliert", weil das, was wir von Luther kennenlernen werden, ja nicht ungebrochen von uns rezipiert werden kann. Wir müssen mit einer zeitlich bedingten Gebrochenheit rechnen, wovon schon die Rede war; wir müssen damit rechnen, dass Luther der Schrift vielleicht nicht immer gerecht geworden ist; wir müssen genauso damit rechnen, dass seine Äußerungen uns schlicht und ergreifend nicht passen. Wir können uns aber sozusagen an ihm und seinem theologischen Gerüst „abarbeiten" und uns vor diesem Hintergrund auf die Suche machen nach unserem je eigenen theologischen Profil. Wie nun kann das gelingen?

Erklärtes Ziel dieses Buches ist es, Martin Luther als historische Persönlichkeit in den Blick zu nehmen und als solche, die über ihren Kontext hinaus etwas zu sagen hat. Luther soll so nahe wie möglich kommen, ohne dass bei Überwindung des historischen Grabens er, der Leser oder eben gar die Sache dabei untergehen. Der Leser dieses Buches soll in wenigen, aber bewusst ausgewählten Punkten auf einen vertrauten Fuß mit ihm kommen. Luther soll nicht der Fremde bleiben, der im 16. Jahrhundert gelebt und gewirkt hat und als historische Persönlichkeit längst von den Maden gefressen ist. Luther soll vielmehr eine Anfechtung sein und eine Hilfe für den, der sich selbst auf die Suche nach theologischen Antworten begibt. Er soll als Folie – positiv wie negativ – dienen, um ein eigenes theologisches Profil zu entwickeln.

Das bedeutet, dieses Buch will als theologisches Buch wahrgenommen werden. Es gibt – davon wird noch zu sprechen sein – unterschiedliche Möglichkeiten, sich Luther anzunähern. Die hier vorgestellte Annäherung ist vor allem eine theologische. Luthers theologische Bedeutung soll im Vordergrund stehen. Die freilich ist nicht zu lösen von seiner historischen Bedeutung. Im Gegenteil sind dies beides Aspekte ein und derselben Fragestellung. Das hängt nun fundamental mit dem hier zugrunde gelegten Verständnis von der Aufgabe der Kirchengeschichte im theologischen Disziplinenkanon zusammen. Diese Aufgabe sei – in aller Vorläufigkeit – als Frage nach dem Bedingten und dem Unbedingten des Redens von Gott bezeichnet. Der Kirchenhistoriker hat demnach danach zu fragen, was Quellen aller Art in ihrem je eigenen historischen Kontext für eine Bedeutung haben, also: was an ihnen historisch bedingt ist und nur in diesem zeitgenössischen Kontext Gültigkeit und Bedeutung hat und in der Fülle ihres Inhaltes verständlich ist. Der Kirchenhistoriker hat aber zugleich zu fragen, was diese Quellen über ihren konkreten Kontext hinaus für eine Bedeutung haben, was an ihrer Aussage unbedingt ist.

In Konsequenz dessen müssen wir Martin Luther als historische Persönlichkeit in den Blick nehmen. Wir müssen wahrnehmen und in unserer Darstellung berücksichtigen, dass und wo er ein Kind seiner Zeit ist. Wir müssen wahrnehmen und berücksichtigen, dass seine Theologie nicht vom Himmel gefallen ist. Luthers Theologie hat Wurzeln, sie hat Folien, die sie positiv oder negativ rezipiert, sie hat ein oder mehrere Gegenüber, gegen die sie Spitzen formuliert, gegen die sie pointierte Aussagen trifft. Sie hat Helfershelfer, die solche Pointierungen ermöglichen. Und sie geschieht innerhalb politischer und gesellschaftlicher Strukturen, die so spezifisch „15. und 16. Jahrhundert" sind, dass Äußerungen z.T. nur innerhalb dieser Strukturen überhaupt begreiflich sind. Unsere Aufgabe besteht also als Erstes darin, Luther und seine theologischen Aussagen immer wieder auf diesen Kontext hin zu befragen, in diesem Kontext zu interpretieren und vor diesem Kontext zu verstehen. Nun schließt sich aber das zweite Element unmittelbar an. Haben wir Luther und seine theologischen Aussagen so in ihrer historischen Bedingtheit wahrgenommen und dargestellt, dann fragen wir sogleich danach, was sie über ihren Kontext hinaus bedeuten und wie mit ihnen heute theologische Rede zu gestalten ist (wobei „mit" ihnen – nach dem zuvor Gesagten – durchaus auch ein „über sie hinaus" oder natürlich sogar ein „gegen sie" bedeuten kann).

Wie gesagt, scheint es grundsätzlich zwei Wege zu geben, sich Luther zu nähern: historisch oder systematisch-theologisch. Natürlich wird in der Regel jeder redliche Kirchenhistoriker auch zugleich danach fragen, was Wahrheit ist, also die systematisch-theologische Frage stellen; und natürlich wird jeder redliche Systematiker auch zugleich die geschichtlichen Hintergründe berücksichtigen, die zu solchen Aussagen führen, die von sich beanspruchen, Wahres zu formulieren. Der Schwerpunkt ist indes in der Regel so unverkennbar, dass man besagte Redlichkeit durchaus schon mal in Frage stellen darf. So wird der Historiker meistens der Versuchung nicht widerstehen können, sich so sehr im Detail zu verlieren (weil er natürlich alles für wichtig hält, was ihm an Quelle in die Finger kommt und ohne das nun Luther überhaupt nicht verständlich wäre), dass die Theologie darüber kürzer kommt, als ihr zustände. Und der Systematiker wird umgekehrt meistens nicht der Versuchung widerstehen können, Luther eine Systematik überzustülpen, die jedenfalls nicht genuin dessen eigene ist, und er wird dabei viele historische Details ignorieren, die Luther in sich aber überhaupt erst verständlich machen. Das eine ist so fatal wie das andere: Kümmert sich der Historiker nicht oder zu wenig um die systematische Vergegenwärtigung, wird er Luther genauso wenig gerecht wie der Systematiker, der sich nicht oder zu wenig um die historische Verortung Luthers kümmert.

Dieses Buch stellt den Versuch dar, das Richtige und Nötige aus beiden Ansätzen zu verknüpfen, miteinander immer und sofort in ein Gespräch zu bringen. Zu fragen ist dabei nicht zuerst nach systematisch-theologischen Themen, zu denen dann Aussagen Luthers aus seinen vielfältigen Texten gesammelt werden; Luther soll und darf nicht in ein irgendwie logisches, auch kein theo-logisches Korsett gepresst werden, und man berücksichtigt nebenbei, zu welcher Zeit und an welchen Fronten bestimmte Aussagen getroffen worden sind. Umgekehrt soll aber auch nicht eine lange – und darin sicher auch: langweilige – Biografie Luthers gezeichnet, eine Unmenge an Detailwissen angehäuft und dann noch am Rande nach der systematisch-theologischen Bedeutung gefragt werden. An den Lebensstationen des Reformators entlanggehend eine aus der Sache selbst resultierende Systematik zu entdecken – das ist das Ziel. Es soll der Weg Luthers gegangen werden, der inneren Entwicklung der Themenkomplexe soll nachgespürt und deren ursprünglicher Zusammenhang dargestellt werden. Es soll wahrgenommen und beschrieben werden, wie sich ein theologischer Baustein an den anderen fügt, und zwar nach und nach.

Das birgt eine große Gefahr. Sowohl der historisch als auch der systematisch-theologisch Interessierte wird mit Recht mehr und/oder anderes von einem „Profil" Luthers erwarten. Das heißt, dieses Buch macht sich in seinem Ansatz, seiner Struktur und seiner Methode und nicht zuletzt in der Auswahl der Themen ausgesprochen angreifbar. Gut so! Denn nicht anders als über eine lebhafte Diskussion kann Wissenschaft Fortschritte erzielen. Nicht anders, als dass man manches vermisst, manches anders dargestellt haben möchte und wieder über manches in der ein oder anderen Weise stolpert, wird ein Nach- und Weiterdenken provoziert. Diese Darstellung des Profils Luthers ist nicht die erste. Und sie wird gewiss und hoffentlich auch nicht die letzte sein. Sie ist eingereiht in eine ganze Phalanx aus Darstellungen, die sehr unterschiedlich sind, in all dieser Unterschiedlichkeit aber doch auch eins gemeinsam haben: Sie sind im Letzten subjektiv. Sie alle standen und stehen unter dem gleichen Vorzeichen wie dieser Band: Sie mussten aus einer Fülle an Informationen, Text und Zugehensweisen auswählen. Das hier Vorgestellte ist nichts anderes als eben eine solche Auswahl. Eine Auswahl, die den Theologen Martin Luther lebendig werden lassen will. Lebendig aber ist und bleibt Luther nur, wenn und solange sich Menschen mit ihm auseinandersetzen über die Sache, um die es geht.

Luther im Profil

Himmel und Hölle –
Eine Begegnung mit dem Zeitalter Luthers

Um Martin Luther als Kind seiner Zeit verstehen lernen zu können, muss man sich wenigstens im Ansatz diese Welt des Umbruchs im 15. und 16. Jahrhundert vergegenwärtigen. Die Reformation ist alles andere als ein Zufallsprodukt. Sie ist in bestimmter Weise eine Antwort auf Fragen, die unbeantwortet im Raum standen. Daher ist sie nicht nur eine deutsche oder gar Wittenberger Angelegenheit, sondern ein Ereignis, das in ganz Europa Wellen schlägt. Die bekanntesten Wellen hat sie natürlich in der Schweiz, England und Frankreich geschlagen, aber wir dürfen die skandinavischen und die osteuropäischen Länder dabei nicht vergessen. Reformation ist – auch wenn wir uns hier ausschließlich mit Luther beschäftigen – ein gesamteuropäisches Ereignis, für das, wenn man den Fokus auf die historische Seite dieses Phänomens legt, mehrere Faktoren mit verantwortlich sind.

Im ausgehenden 15. Jahrhundert können wir auf vielen Ebenen Umbrüche erleben, die wegweisend für die nähere und die weitere Zukunft werden sollten. Eine der bedeutsamsten Veränderungen findet auf der politischen Ebene statt. Das Kaisertum des Spätmittelalters unterscheidet sich deutlich von dem des Frühen und des Hohen Mittelalters. Durch die Dezentralisierung der Gewalt und durch die Verteilung der Macht und Entscheidungsgewalt auf zusätzliche Schultern, deren Namen „Fürsten" und „Reichsstädte" sind, ist es nicht mehr in der Lage, seine früheren glanzvollen Zeiten zu erreichen. Die Macht im Reich ist geteilt, der Einfluss einzelner Territorien immens gesteigert. Der gewählte Kaiser hat nicht mehr den Nimbus des geborenen Auserwählten, und die Aufkündigung des Freundschaftspaktes mit der römischen Kirche tut ihr Übriges, das Ansehen dauerhaft zu schädigen. An die Stelle von Charisma und ruhmreich erworbenen Siegen über heidnische Völker tritt nun zum Anwachsen und Erhalt der Macht die Heiratspolitik. Insbesondere die Habsburger machen sich dieses Instrument zunutze, bis sich die europäischen Herrschaftshäuser beinahe alle in einen Stammbaum einzeichnen lassen. Das habsburgische Geschlecht mischt bald überall auf europäischem Boden mit. Besonders folgenreich ist die Anbindung Spaniens an die habsburgischen Erblande. Bekannt ist der Ausspruch Karls V., des Kaisers, der die Zeit des Lebensweges Luthers mit abschreitet, er wolle sich ein Reich schaffen, in dem die Sonne nicht untergeht. Es gehört zu den schicksalsentscheidenden Voraussetzungen des Ganges der Reformationsgeschichte dazu, dass gerade dieser Kaiser sich dezidiert als katholischer Kaiser fühlt. Wir sehen auf höchster Ebene den Versuch, an alte Traditionen anzuknüpfen, diese aber mit modernen Methoden zu erreichen. Gerade an Karl wird das schön deutlich, der sich – was seine Vorgänger schon nicht mehr getan hatten – als letzter König vom Papst zum Kaiser salben ließ (1530).

Diesem Versuch, alte Traditionen weiterhin zu pflegen, stehen zwei Tatsachen diametral gegenüber, die im Grunde zu einer zusammengefasst werden können: Der Kaiser bzw. das Kaisertum ist nicht mehr das, was es einmal war, und man kann es sich ohne Angst, dabei die irdische oder himmlische Seligkeit zu verlieren, durchaus erlauben, gegen diesen Kaiser zu opponieren. Und – und das ist vielleicht das Entscheidende – man kann ihn zum Spielball eigener Interessen machen. Innerhalb des Deutschen Reiches sind es die Kurfürsten, die es dem Kaiser nicht leicht machen, ein traditionelles Kaisertum zu pflegen. Die sieben Kurfürsten (die drei geistlichen: Köln, Mainz und Trier, und die vier weltlichen: Brandenburg, Sachsen, Pfalz und der König von Böhmen), wissen um ihre Macht: die Macht, den Kaiser zu wählen (Kur = küren = wählen), die Macht, Kandidaten zur Kaiserwahl über die Klinge springen zu lassen, die Macht, jemandem Entgegenkommen abzuringen mit der Aussicht auf finanzielle und militärische Unterstützung. Die Einzelterritorien erheben immer deutlicher Anspruch auf souveräne Herrschaftsausübung. Außerhalb des Deutschen Reiches ersteht vor allem in Frankreich ein mächtiger Gegner, der den Kaiser ein ums andere Mal in Kriegshändel oder zumindest bedrohliche Situationen bringt. Und ein dritter, beinahe noch bedrohlicherer Gegner erwächst im Osmanenreich, das 1453 Konstantinopel eingenommen hatte und immer weiter in den westeuropäischen Raum vordringt. Die außenpolitische Bedrohung des Kaisers durch Frankreich von der einen und durch die Türken von der anderen Seite bestimmt lange Zeit seine Kirchenpolitik. Dabei zeigt sich, wie schwierig es ist, dass er sich nicht vorbehaltlos auf die deutschen Fürsten verlassen kann.

Dieser Bedrohung des Kaisertums korrespondiert, dass der Staat nicht mehr theologisch, sondern philosophisch begründet wird. Der Berater des Habsburger-Gegners Ludwig des Bayern, Marsilius von Padua (1290–1343), entwirft schon im 14. Jahrhundert in seiner Schrift „Defensor pacis" eine Staatstheorie, die rein weltlich begründet war; sie fordert Souveränität des Volkes, die Trennung von Staat und Kirche sowie die Überordnung des Konzils über den Papst. Pico della Mirandola (1463–1494), entwirft ein Weltbild aus jüdischen, antiken und christlichen Elementen und kann von dort aus so etwas wie ein – noch mit aller Vorsicht formuliert – Naturrecht entwickeln. Und Niccolo Machiavelli lobt in seinem Werk „Il principe" einen absoluten Souverän aus, der sich in seinen Regierungsgeschäften an nichts als an seinen eigenen Verstand und seinen Vorteil halten soll.

Der zweite Umbruch, den wir an der Wende zum 16. Jahrhundert beobachten können, ist der im sozialen Bereich. Die das Mittelalter bestimmende Ständestruktur bricht nach und nach auseinander. Das Aufblühen der Städte provoziert einerseits einen kulturellen Aufschwung; die bürgerliche Kultur entsteht und löst die höfische allmählich ab. Es wird aber nicht nur die höfische Kultur abgelöst, sondern überdies auch gewissermaßen „der Hof". Die Folge ist eine Verarmung des Landadels, ein Niedergang des ritterlichen Ideals und des Rittertums überhaupt. Es entsteht ein Raubrittertum, das die einstigen Ideale nunmehr ins Gegenteil verkehrte; nicht mehr der Schutz der vorbeireisenden Kaufleute war ihre Aufgabe, sondern der Überfall auf sie. Ein zweiter Stand hat unter der neuen Stadtkultur zu leiden: die Bauern. Obwohl ca. 80% der Gesamtbevölkerung auf dem Land leben, dominiert in Kultur und Gesellschaft die Stadt, was einen ständigen Gegensatz provozieren muss. In dieser Zeit des sogenannten Frühkapitalismus löst die Geldwirtschaft die Naturalwirtschaft ab; der Übergang zu Spezialproduktionen, die sich nach der Nachfrage ausrichten, schädigt die meisten auf alle Bereiche gleichermaßen (und das hieß: gleichermaßen ausreichend, aber wenig) gerichteten Höfe; die alten lehnsherrlichen Strukturen werden nach und nach abgelöst von der Verpachtung, die aber aus den Hörigen nun nichts anderes als Leibeigene macht; dies gilt vor allem für den Nordosten des Reichs. Ökonomische Ausbeutung und politische Unterdrückung kennzeichnen in den meisten Territorien die Situation der Bauern. Und schließlich und endlich gibt es auch in den Städten schnell verarmende Schichten, ein städtisches Proletariat, Bettel und Hunger. Die Schere zwischen Arm und Reich geht immer weiter auseinander, es kommt verstärkt auch schon im 15. Jahrhundert zu Aufständen, die nicht selten blutig niedergeschlagen werden.

Doch eine wirkliche „Revolution" findet auf ganz anderer Ebene statt. Die Welt ist dabei, ihre Eierschalen abzustreifen und mit staunenden Augen sich selbst wahrzunehmen. Sich, die Natur, die Menschen, die Texte. Die Welt wird auf den Kopf gestellt, Horizonte werden durchbrochen, das Leben neu definiert, der Mensch der Renaissance löst den mittelalterlichen Menschen ab. Renaissance heißt übersetzt: Wiedergeburt. Wiedergeboren wird im 15. Jahrhundert, ausgehend von Italien, das Menschenbild der Antike. Danach ist der Mensch nicht mehr ausschließlich als Geschöpf Gottes und in Hinsicht auf seine Seele zu betrachten, sondern als Individuum, das aus Seele und Leib besteht. Einem Leib, den man anatomisch untersuchen, den man in erotischen Farben schildern, den man nackt und losgelöst von biblischen Kontexten in seiner ganzen Perfektion und auch in seiner ganzen Hässlichkeit darstellen kann. Die Kunstwerke Michelangelos, Raffaels, Leonardos, das Decamerone Boccaccios, die Texte Francesco Petrarcas (dessen begeisterte Naturschilderung so etwas wie den Anfang der Renaissance markiert), Dante Alighieris Göttliche Komödie – all diese Meisterwerke der Renaissance geben davon beredtes Zeugnis. Was dem Renaissancemenschen eignet ist, so könnte man es vielleicht auf den Punkt bringen, der Mut zum Wagnis, über den eigenen Tellerrand hinauszuschauen. Er lässt sich von nichts und niemandem einengen, von keinem System, von keinen Traditionen. Die Freiheit der Kunst und der Wissenschaft ist ihm oberstes Gebot.

Von daher ist es kein Zufall, dass in die Zeit der Renaissance auch bedeutende Entdeckungen fallen, von denen die bekannteste, vielleicht aber gar nicht einmal die weitreichendste die Entdeckung Amerikas durch Kolumbus ist. Doch wird gerade an dieser Entdeckung das Aufsprengen des alten Weltbildes und der alten Horizonte deutlich. Bedeutender gerade auch für unseren Zusammenhang ist die Erfindung des Buchdrucks mit beweglichen Lettern durch Johannes Gutenberg in der Mitte des 15. Jahrhunderts sowie die Wiederentdeckung aus griechischen Schriften, dass die Erde eine Kugel und keine Scheibe ist, und die daraus entstehende Feststellung eines heliozentrischen Sonnensystems durch Kopernikus, die er 1543 veröffentlicht. Der Buchdruck spielt für das Bildungs- und Unterrichtswesen eine immense Rolle, und die neuen Ideen können mit einer ungeheuren Geschwindigkeit verbreitet werden. Wer weiß, was aus den Gedanken Luthers geworden wäre, wenn sie sich nicht rasend schnell durch Flugblätter und durch hohe Auflagen seiner ersten Schriften verbreitet hätten. Und die Entdeckung, dass nicht die Erde und auf der Erde die Kirche und in der Kirche der Papst im Mittelpunkt des von Gott geschaffenen Alls steht, sondern dass sich die Erde um die Sonne dreht – spätestens, wenn man Brechts „Das Leben des Galilei" gelesen hat, dann weiß man, wie revolutionär diese Idee gewirkt hat.

Nach der Hochachtung des Aristoteles durch die Theologie halten jetzt Platon und Cicero Einzug in die Köpfe der Denker. Mit beiden kommt über das inhaltliche Gedankengut vor allem auch die Verpflichtung zu geschliffenem Stil und zur Beherrschung der Sprache bis hin zu einer ausgefeilten und angewandten Rhetorik zu neuer Geltung. Das oft barbarische Kirchenlatein des Mittelalters wird überwunden, man pflegt das Lateinische in lange nicht mehr gekanntem Maße. Dazu kommt die Wiederentdeckung des Griechischen, das natürlich nicht nur eine Sprache heidnischer antiker Autoren war, sondern auch die Ursprungssprache des Neuen Testaments. Plötzlich wird die jahrhundertelang, seit Kirchenvater Hieronymus im Gebrauch stehende lateinische Übersetzung der Bibel, die Vulgata, als unbrauchbar dargestellt, und es werden Griechisch und Hebräisch gelehrt, damit man die Bibel in ihren ursprünglichen Sprachen lesen kann. Die Aufforderung der Renaissanceautoren ist unmissverständlich: ad fontes – zurück zu den Quellen.

Der von Lorenzo Valla (1405–1457) begründete philologische Humanismus setzt gewissermaßen die Ideen, welche die Renaissancekunst begründeten, bildungspolitisch um. Er tritt dafür ein, dass über die Bildung der Mensch wirklich Mensch werden kann, dass aus unbehauenen Rohlingen Menschen werden, die fähig und willens sind, in der Gesellschaft Verantwortung zu tragen. Großes Gewicht wird auf elementare Grundkenntnisse in den antiken Sprachen, in Grammatik, Mathematik und natürlich auch in der Kenntnis der Heiligen Schriften gelegt. An den Universitäten sollen ebenfalls Grundlagen geschaffen werden mit einer vertieften Sprachkenntnis, mit Lektüre der antiken Autoren, der Kirchenväter und der Schrift selbst. Valla leitet durch seinen Vergleich der Vulgata mit dem griechischen Urtext die kritische Bibelwissenschaft und eine grundsätzliche Infragestellung der scholastischen Methode ein.

Ungekröntes Haupt der humanistischen Bewegung ist der Niederländer Erasmus von Rotterdam (1467/69–1536). Zu seinen bedeutendsten Werken gehört das griechische Neue Testament, das er 1516 herausgibt und das Luther als Grundlage für seine Bibelübersetzung ins Deutsche dient, sowie zahlreiche Texte, in denen er die Barbarei anklagt, die in Wissenschaft, Kirche und Staat herrscht. Sein Bildungsziel ist es, dass jeder Bauer hinter dem Pflug die Bibel lesen kann, und in diesem Sinne setzt er sich für eine Übersetzung der Bibel in die Volkssprachen ein. Wichtiger als alles andere sei es, eine Bibliothek Christi in seinem Herzen zu haben. Damit dies gelingen könne, bedürfe es gut ausgebildeter Menschen, die diese

Bibliothek für den einfachen Mann zusammenstellen können. Der bekannteste deutsche Humanist ist der aus Bretten stammende Philipp Melanchthon (1497–1560), der als Lehrer für Griechisch und Hebräisch 1518 an die erste, 1502 in diesem humanistischen Sinne gegründete Universität Deutschlands nach Wittenberg berufen wird. Hier lernt er Martin Luther kennen, dessen engster Vertrauter und Berater er in der Folgezeit werden sollte.

Renaissance und Humanismus bieten gegenüber den traditionellen, mittelalterlichen Strukturen unglaublich viel reformerisches, vielleicht sogar revolutionäres Potential. Die Scholastik-Kritik etwa nimmt in den humanistisch geprägten Texten einen breiten Raum ein, da diese Weise, Theologie zu treiben, nicht wissenschaftlich und schon gar nicht christlich ist. Insbesondere die vom sogenannten Bibelhumanismus ausgehende Konzentration auf die Heilige Schrift bereitet den reformatorischen Ideen einen fruchtbaren Boden.

Das herausragende Merkmal der Kirche der Zeit ist sicherlich mit dem Stichwort „Renaissancepapsttum" verbunden und weist uns schon darauf hin, dass die Kirche es sehr wohl verstand, das Neue zu eigenen Zwecken und zum eigenen Nutzen einzubinden. Die Päpste um die Jahrhundertwende erscheinen nicht gerade als Vorbilder eines demütig-christlichen Lebens. Sie haben Konkubinen und eine Reihe illegitimer Sprösslinge; sie feiern prunkvolle Feste; sie mischen sich in politische Händel ein; und sie geben das Geld der Gläubigen für prachtvolle Bauten und Kunstwerke aus. Dafür sind die Gemälde der Sixtinischen Kapelle und der Neubau des Petersdomes in Rom die eindrücklichsten Beispiele und zeigen, wie fast jedes Ding in der Kirchengeschichte mindestens zwei Seiten hat. Einerseits verdanken wir der Verschwendungssucht und dem Mäzenatentum der Päpste wunderbare Kunstwerke, andererseits bleiben andere Aufgaben der Kirchen, namentlich im pastoralen Bereich, dabei auf der Strecke. Das Priestertum der Zeit ist ausgesprochen schlecht ausgebildet. Während der höhere Klerus entweder im Reichtum schwelgt oder sich intensiv um wissenschaftliche Studien kümmert, überlässt er die Seelsorge und die Predigt häufig Vikaren, die in keiner Weise für diesen Dienst zugerüstet sind. Die Konzentration auf die Eucharistie ist nicht so sehr theologisch begründet als vielmehr eine Not: Die meisten Priester können nichts anderes. Das wiederum gibt Volkspredigern Gelegenheit, allerlei durch kirchliche Lehre nicht unbedingt gedeckte Inhalte zu verbreiten. Ein neues Tor für Häresie und Ketzerei ist geöffnet. Auch die Klöster verstehen sich kaum noch als Bildungsanstalten. Und die Bischöfe machen, um Künstler zu unterstützen oder Ämter zu kaufen, Schulden. Das Bankhaus der Fugger in Augs-

burg etwa lebt nicht schlecht davon, dass zu seinen Kunden die einflussreichsten weltlichen und geistlichen Fürsten der Zeit gehören.
Das Geldproblem ist eines der heftigsten der Zeit. In diesem Kontext,
wenn auch nicht ausschließlich in diesem, ist es zu sehen, dass Frömmig-
keitsformen zunehmen, die nicht nur dem Seelenheil dienen sollen, sondern auch dem Zuwachs im Geldsäckel. So nehmen Wallfahrten und Buß-
züge zu, es wird ein florierender Reliquienhandel betrieben. Friedrich der
Weise, der sächsische Kurfürst und Landesherr Luthers, hat in seinem Territorium allein 19000 Reliquien, für deren Besichtigung, gar Berührung der
Gläubige Ablass erwerben kann. Zum Missbrauch des Ablasswesens wird
noch einiges zu sagen sein, ist er es doch, der Martin Luther 1517 zu seinem ersten öffentlichen In-Erscheinung-Treten provoziert. Dass dieser
Ablasshandel funktionieren kann, liegt daran, dass sich entsprechend der
mittelalterlichen Vorstellung von Gnade auch die Vorstellungen von der
Zeit nach dem Tod entwickelt hatte. Was passiert in der Zeit zwischen in-
dividuellem Tod und Jüngstem Gericht? Hier ist die mittelalterliche Theologie sehr phantasievoll und malt in düstersten Farben das, was dem Sünder bevorsteht. Als Droh- und Lockmittel zugleich entwickelt sie dazu die
Lehre vom Fegefeuer, das – wie das lateinische Wort purgatorium (purgare
= reinigen) verrät – als Läuterungsort gedacht ist. Zahlreiche Wandmale-
reien und Altarbilder der Zeit zeugen davon, welch lebendige Vorstellung
von einem Leben in der ewigen Verdammnis herrscht. Das Leben der des
Lesens und Schreibens meistenteils unkundigen Menschen ist geprägt von
solchen Bildern, von einer diffusen Angst vor dem möglicherweise nicht
so fernen Weltende, vor der politisch und sozial drückenden Situation, besonders davor, wie es um die eigene Seligkeit bestellt ist; und Angst vor allem, was sich zwischen Himmel und Erde befindet: Aberglaube, Hexen-
wahn, Dämonenvorstellungen treiben an der Wende vom 15. zum 16.
Jahrhundert neue Blüten.

Analog zur Individualisierung im politischen und sozialen Bereich lässt
sich auch eine Individualisierung im Bereich der Frömmigkeit ausmachen.
Mystisches Gedankengut erlebt eine gewisse Blüte, ein individueller Heilsweg über das Leiden, über den Weg des Der-Welt-Absterbens und des Leer-
werdens von allem Irdischen wird mancherorts propagiert und wird in
mystisch-monastischen Gemeinschaften wie den „Brüdern und Schwes-
tern vom gemeinsamen Leben" gepflegt. Parallel dazu entsteht ein neues
Christusbild: Christus ist nicht mehr der Weltenherrscher, der Pantokra-
tor, der glanzvoll alles Irdische überstrahlt; Christus ist vielmehr der
Schmerzensmann, der am Kreuz leidet und zum Bruder der Geschlagenen
und Verfolgten wird.

Das ausgehende 15. Jahrhundert bricht aus den mittelalterlichen Strukturen nach und nach aus. Alle Ebenen, die eine menschliche Existenz beeinflussen, befinden sich in einem Umbruch und suchen nach neuem Halt und einer neuen, fundamentalen Begründung von Welt und Mensch. Mitten in diese Frage und dieses Fragen hinein wird Martin Luther geboren.

2

Mystik und Scholastik – Luthers Wurzeln

Dass Martin Luther und seine Theologie nicht einfach „vom Himmel gefallen" sind, scheint eine Binsenweisheit zu sein. Da aber viele Darstellungen aus Luther gerne den genialen Helden machen, ist es durchaus nicht
unnötig, darauf hinzuweisen, wie natürlich auch er – bei aller Originalität
seiner Gedanken – in einer Umgebung heranwuchs, die ihn auf die eine
oder andere Weise geprägt haben dürfte. Neben den im vorigen Kapitel genannten Elementen auf politischer, sozialer, kultureller und religiöser
Ebene ist nun vor allem, im Blick auf den Heranwachsenden, an Luthers
Familie, seinen schulischen und universitären Werdegang, seine frühe Zeit
im Kloster und die beiden theologischen Hauptrichtungen der Zeit, die
Scholastik und die Mystik, zu denken.

Martin Luther wird am 10. November 1483 in Eisleben geboren. Der Tradition gemäß wird er am nächsten Tag auf den Namen des Tagespatrons,
des heiligen Martin, getauft. Die Familie ist nicht reich, doch durchaus
wohlhabend und sozial aufstrebend. Der Vater Hans war in den vielver-
sprechenden Kupferbergbau gewechselt und hatte es dort schnell zu einer
führenden Stellung gebracht. Die durch ihn und seine Frau Margarete aus-
geübte Erziehung ist im damals üblichen Sinne liebevoll und streng zugleich sowie von Frömmigkeit geprägt. Schon ein Jahr nach Martins Ge-
burt siedelt die Familie nach Mansfeld über, wo Martin die Lateinschule
besucht. Seine nächste Schulstation ist Magdeburg, wohin er 1497, also mit
14 Jahren kommt. Dort geht er auf die Domschule und wohnt bei den Brüdern vom gemeinsamen Leben. Dieser Schulbesuch dürfte seine erste
Begegnung mit so etwas wie Mystik sein. Die Brüder vom gemeinsamen
Leben, eine Laienbewegung, die namentlich in den Niederlanden beheimatet ist und so manchen humanistisch Gebildeten hervorgebracht hat,
pflegen eine intensive, an der Schrift und an der Demut orientierte Frömmigkeit, weshalb sich mit ihnen auch das Schlagwort der „Devotio moderna" („neue Demut") verbindet. Es ist nicht auszuschließen, dass der in
Luthers Theologie zu neuer Virulenz gelangende Begriff der Demut von
dieser Schulzeit her eine gewisse Prägung erhält. Doch ist die Zeit in Magdeburg zu kurz, als dass wir ein klares Bild von Luthers Entwicklung in dieser Zeit zeichnen könnten. Schon ein Jahr später nämlich kommt Martin

nach Eisenach, wo er vor allem bei der Familie Cotta warmherzige Aufnahme findet. Die Familie gehört zu den vornehmsten und einflussreichsten, und der junge Luther dürfte hier einigen wichtigen Persönlichkeiten der kirchlichen und politischen Öffentlichkeit begegnet sein. In dieser Zeit verdient sich Luther einige Groschen als sogenannter Kurrendesänger. Luther zieht von Haus zu Haus und erbettelt sich seinen Lebensunterhalt im wesentlichen durch Singen. Das war durchaus üblich in dieser Zeit, weist uns vielleicht aber schon darauf hin, welche Bedeutung das Lied, natürlich insbesondere das geistliche Lied auch späterhin für ihn haben soll.

Nach der Schulzeit beginnt für Luther 1501 in Erfurt die Zeit des Studiums, das er – wiederum ganz wie für diese Zeit üblich – mit dem Grundstudium der sieben freien Künste (septem artes liberales) beginnt. Geschult in den grundlegenden Fragen der Grammatik, der Rhetorik, der Logik, der Geometrie, der Arithmetik, der Astronomie und der Musik konnte man nach Abschluss dieser Studien als Baccalaureus entweder seine Kenntnisse in einem praktischen Beruf anwenden oder das Hauptstudium aufnehmen in der Juristerei, der Medizin oder der Theologie. Wie heute ist es auch im 16. Jahrhundert von großer Bedeutung, an welcher Universität man studiert, denn eine andere Universität bedeutet nicht selten einen anderen wissenschaftlichen Weg, unterschiedliche wissenschaftliche Voraussetzungen und auf diesen Voraussetzungen fußende Methoden. Im Hohen und Späten Mittelalter hatten sich in der Scholastik, wie man die Methode der wissenschaftlichen Durchdringung des Himmels und der Welt nannte, zwei Hauptwege herausgebildet: die via antiqua (alter Weg) und die via moderna (neuer Weg), die jeweils einen unterschiedlichen Blick auf die Welt und die sie bezeichnenden Begriffe werfen. Während die via antiqua davon ausgeht, den Allgemeinbegriffen komme reales Sein zu (universalia sunt res – die Allgemeinbegriffe sind wirklich: Realismus), leugnet dies die via moderna und behauptet, die Allgemeinbegriffe seien bloße Namen, Sein komme allein den wirklich greifbaren Dingen zu (universalia sunt nomina – die Allgemeinbegriffe sind Namen: Nominalismus). In Erfurt nun geht man auf diesem neuen Weg des Nominalismus und Luther lernt gewissermaßen die Welt durch die nominalistische Brille kennen, namentlich in der Ausprägung des Wilhelm von Ockham und des Gabriel Biel. Über Wilhelm von Ockham lernt Luther die Unterscheidung von potentia absoluta und potentia ordinata kennen. Diese Unterscheidung besagt: Gott ist im Gegensatz zu allen Kreaturen ein absolut unabhängiger Geist und Wille, dem uneingeschränkte Macht eignet (potentia absoluta); jedoch hat er sich in Natur und Geschichte selbst gebunden (potentia ordinata) und entgeht so dem Vorwurf, ein Willkürgott zu sein. Gott hat nicht ein allgemeines Sein, sondern konkrete Einzeldinge erschaffen, die sich durch Individualität auszeichnen. Insofern entspricht es der göttlichen Ordnung und seinem Willen, die Welt durch nominalistische Augen zu betrachten. Erkenntnis ist von daher in erster Linie Erfahrung. Dieser Ansatz wird von dem in Tübingen lehrenden Gabriel Biel (ca. 1410–1495) noch weiter ausgebaut. Da vor allem er es ist, der als „Normaltheologe" in Erfurt gilt, muss ihm auch in der Lutherforschung größte Aufmerksamkeit gewidmet werden. Wir begnügen uns hier damit, einen seiner wichtigsten Sätze ins Gedächtnis zu rufen: Im Sinne der Unterscheidung von potentia Dei absoluta und ordinata betont er die Willensfreiheit des Menschen und lässt sich zu der Aussage hinreißen: facienti, quod in se est, Deus non denegat gratiam – demjenigen, der tut, was ihm möglich ist, verweigert Gott die Gnade nicht.

Wie weit Luther auch mit der via antiqua in Berührung kommt, kann nicht genau gesagt werden. Der berühmteste Vertreter dieses Weges war Thomas von Aquin (1225–1274), und es ist ziemlich sicher, dass Luther kaum etwas von ihm gelesen haben dürfte. Wenn Luther später – was er leidenschaftlich getan hat! – gegen die Scholastiker verbal das Schwert zieht, dann hat er nicht die gesamte Scholastik im Blick, sondern diejenige, die er kennengelernt hat. Ob man daraus aber den Schluss ziehen darf – wie er gerne im Blick auf ökumenische Zielvorstellungen gezogen wird –, dass dieses ganze Missgeschick „Reformation" nicht zustande gekommen wäre, hätte Luther nur seinen Thomas richtig gelesen, darf durchaus kritisch angefragt werden, wenn man die theologischen Grundüberzeugungen der beiden genau miteinander vergleicht. Die Reformation war weit mehr als in diesem Sinne ein theologiegeschichtlicher Unfall!

Im Januar 1505 schließt Luther das Grundstudium ab mit dem Grad des Magisters und beginnt – auf Wunsch des Vaters – das Studium der Rechte. Es gibt einige Zeugnisse, die belegen, wie sehr Luther sein Studentenleben genießt, wie er seine Zeit gerne und leidenschaftlich in Wirtshäusern und mit jungen Damen verbringt. Bis zu jenem 2. Juli desselben Jahres. Die Ereignisse dieses Tages und der Tage davor gehören, wie vieles andere im Leben des Reformators, zu denjenigen, die immer wieder Anlass zu viel Spekulation gegeben haben und bei denen man sich sehr wünschte, Luther hätte ein Tagebuch geführt. Doch Spekulation hin oder her, Fakt dürfte sein, dass Luther auf der Heimreise von seinen Eltern nach Erfurt bei Stotternheim in ein heftiges Gewitter gerät, das ihn in Todesangst versetzt. Und was tut ein Mensch dieser Zeit in Todesangst? Er will sich ganz schnell noch mit seinem Gott versöhnen, um ihm aufrecht ins Gesicht sehen zu können. Und er versucht mit ihm zu handeln, damit sich das Schicksal vielleicht doch noch einmal wende. Genau das tut auch Luther. Er ruft die Heilige Anna an, die Patronin der Bergleute, die ihm aus dem häuslichen Umfeld so bekannt ist, und fährt das stärkste Geschütz auf: Er will ein Mönch werden. Das konnte nichts schaden, denn der Mönchsstand versprach, ein heiliges Leben zu führen und alles dafür zu tun, den höchstmöglichen Grad an Vollkommenheit zu erlangen, sodass man sich um die zukünftige Seligkeit nicht mehr allzu viel Sorgen machen musste. Luther ist nicht zimperlich: Er löst nicht nur das in dieser Todesnot gegebene Versprechen ein; er sucht sich auch noch das Kloster aus, das im Ruf besonderer Strenge steht: das Schwarze Kloster der Augustinereremiten in Erfurt. Luthers Vater ist entsetzt, sieht er doch alle hochfliegenden Pläne, die er mit seinem Sohn hatte, ganz unerwartet in nichts aufgelöst. Die Frage, ob der Bruch mit seinem Vater, der lange Zeit unüberbrückbar bleibt und Luther das Leben schwer macht, das Gottesbild des Reformators beeinflusst, ob also Luthers Suche nach einem gnädigen Gott eher die Suche nach einem gnädigen Vater hier auf Erden als die nach einem gnädigen Vater im Endgericht ist, kann hier nicht angegangen werden. Es ist genug, zu wissen, dass sie nicht selten und nicht ohne Leidenschaft gestellt wurde und gestellt wird, und zu bedenken, die Reformation und ihr Gedankengut nicht auf das mögliche psychologische Problem eines Einzelnen zu reduzieren.

Will man Martin Luthers Entwicklung zum Reformator verstehen, dann ist die Erfurter Klosterzeit natürlich eine ganz entscheidende Zeit. Zunächst muss man ganz banal festhalten: 1. Luther ist Mönch, und 2. Luther ist Augustiner. Luther lernt daher keinen Kirchenvater so ausführlich kennen wie eben Augustin, und dessen Theologie prägt seine eigene wesentlich und nachhaltig. Was aber vielleicht noch wichtiger ist: Luther ist durch und durch Mönch. Bekannt ist, dass er sich als solcher quält und alles tut und versucht, was die spätmittelalterlich-monastische Theologie bietet, damit ein Mensch selig werden kann: Beten ohne Unterlass, strenges Fasten, Geißeln. Bekannt ist genauso, dass er darüber alles andere als selig wird, sich vielmehr immer mehr in die Frage hinein verdreht, was er denn noch alles tun müsse, damit sein Gott ein gnädiges Auge auf ihn wirft. Weniger berücksichtigt wird hingegen, dass Luther bestimmte Formen des Gebets und der Meditation selbstverständlich mit der monastischen Muttermilch einsaugt. Das ständige Psalmengebet etwa, Tag und Nacht, wird nicht unwesentlich dazu beigetragen haben, dass Luther die Höhen und Tiefen menschlicher Existenz und mehr noch: das Vertrauen in Gottes schöpferisches und rettendes Handeln in all diesen Höhen und Tiefen menschlicher Existenz, zu selbstverständlichen und fundamentalen

Grundelementen seiner eigenen Theologie macht. Denn nichts anderes ist das Thema des Psalters. 1539, also fast schon am Ende seines Weges, wird Luther für die Beschreibung einer Regel, Theologie zu treiben, drei Begriffe stark machen: Gebet (oratio), Meditation (meditatio) und Anfechtung (tentatio, vgl. 50, 658/29–659/4). Diese Trias, welche die Theologie als Erfahrungstheologie ins Spiel bringt und ins einzig rechte, d.h. schriftgemäße Licht stellt, wäre möglicherweise ohne Luthers monastischen Hintergrund in dieser Weise nicht denkbar. Im Kloster wird eben nicht pausenlos akademisch disputiert und wissenschaftlich das Haar in der Suppe gesucht; im Kloster wird der Psalter gebetet, es wird geschwiegen, gegrübelt, gefastet, gearbeitet, gebetet, geschwiegen, gegrübelt ... Im Kloster wird das, was die Heiligen Schriften von Gott offenbaren, erfahren, nicht so sehr theoretisch reflektiert. Im Kloster geht es ganz stark um Affekte, weniger um die Kenntnis, die cognitio, der Dinge.

Die Auseinandersetzung mit der Mystik schließlich, so wird man sagen dürfen, findet bei Luther erst in der Klosterzeit statt, und hier verstärkt, als er den Auftrag erhält, die Bibel auszulegen. Diese Bibelauslegung soll eine Art Arznei sein, die Luther vom Erfurter Ordensgeneral und seinem Beichtvater Johann von Staupitz verordnet bekommt. Dieser versucht, Luthers selbstzerstörerischen Eifer zu bremsen und befiehlt ihm, sich über die normalen Studien hinaus intensiv mit der Heiligen Schrift, besonders mit den Texten des Neuen Testaments, auseinanderzusetzen. Dazu drängt Staupitz seinen Luther, nach Abschluss des normalen Studiums ein Doktor der Heiligen Schrift zu werden. Luther stimmt widerwillig, aber im unbedingten Gehorsam des Mönches zu. Als er 1512 zum Doktor promoviert wird, beruft man ihn sogleich an die neu gegründete Universität in Wittenberg, wo er im regelmäßigen Turnus die Schrift für die Studenten auszulegen hat. Hier, im zähen Ringen mit der Schrift, wird sich nach und nach das herausschälen, was wir als reformatorische Erkenntnis oder – bereits auf den neuralgischen inhaltlichen Punkt gebracht – als die Entdeckung der Rechtfertigung des Gottlosen bezeichnen. Innerhalb dieser Beschäftigung mit der Heiligen Schrift kommt es aber ebenso verstärkt zu einer Auseinandersetzung mit mystischen Traditionen.

Luther hegt von Beginn seiner theologischen Laufbahn an starke Sympathie für die Mystik. Er wächst mit mystischer Tradition so selbstverständlich auf wie mit scholastischer, namentlich spätscholastischer Tradition. Ihm begegnet aber nicht alles, was die mittelalterliche Mystik zu bieten hat. Was er kennt, ist vor allem die deutsche Mystik, die Theologie Bernhards von Clairvaux, die Mystik des Dionysius Areopagita und die sogenannte exegetische Mystik. Aus dieser Vertrautheit ergibt sich für ihn am Beginn Sympathie, die aber sogar ins Gegenteil umschlagen kann, wenn er im Laufe der Jahre feststellen muss, wie die Gedanken der Mystiker seinen eigenen zuwiderlaufen. Johannes Tauler aber und Bernhard bleiben ihm bis ans Ende wertvoll, auch wenn ihm die Lehrunterschiede inzwischen deutlich sind. Was Luther von der exegetischen Mystik lernt, ist die Bedeutung des Glaubens, durch den der Mensch außerhalb seiner selbst gelangt, der ihn erhöht und entrückt und dem Ziel jedes mystischen Weges, der Vereinigung der Seele mit Gott (unio mystica) näherbringt. An der Deutschen Mystik lobt Luther, dass sie sich der deutschen Muttersprache bediene, um der Frömmigkeit zur Sprache zu verhelfen. Das, was Gott sagen will, kann der Mensch verstehen. Theologen, die mit ihrer Sprache (und das heißt nicht nur „Fremdsprache") dieses Einfache verschleiern, sind streng genommen keine Theologen. Bernhard von Clairvaux, der Hauptvertreter der romanischen Mystik, kann Luther als einer der wenigen gelten, vor denen er sich immer höchsten Respekt bewahrt. Neben Franz von Assisi ist und bleibt ihm Bernhard Vorbild für ein Mönchtum, welches das Vertrauen auf eigene Werke zurückstellt zugunsten des Vertrauens auf Christi Erlösungswerk. Am deutlichsten greifbar wird Luthers Sympathie für Bernhard in der Aufnahme seiner Brautmystik, so schon in der Römerbriefauslegung 1515/16 und noch einmal stärker 1520 im Traktat über die christliche Freiheit. Was Luther von Dionysius Areopagita und der areopagitischen Mystik kennt, ist ihm zunächst sehr nützlich, die Hilflosigkeit menschlichen Denkens und Sprechens angesichts der Größe Gottes zu formulieren. Muss nicht alles, was der Mensch in dieser Richtung versucht, letztendlich scheitern? Dies war die Frage des Areopagiten und ist auch die Frage Luthers. Dass der sprachlose Mensch Gott am nächsten ist, dieser Gedanke findet sich bei Dionysius Areopagita und wird von Luther positiv aufgenommen. Loben, darin sind sie sich einig, könne man Gott eigentlich nur, indem man vor dem Größeren und Unaussprechlichen staunend stille wird.

Bei aller durchaus bleibenden Sympathie für die Mystik wird Luther doch auch das Problematische am mystischen Weg deutlich: Er verspricht in unterschiedlicher Gestalt eine Selbsterlösung und er fordert einen reinen Menschen oder mindestens etwas Reines am Menschen, das der Gottesbegegnung würdig ist.

Luther ist also, nachdem er die traditionelle Frömmigkeit im Elternhaus erlebt hatte, sowohl von dem scholastischen als auch von dem monastisch-mystischen Weg des Verstehens und Deutens der Weltzusammenhänge geprägt. Das Entscheidende nun ist, wie wenig ihm diese Wege auf seine existenziellen Fragen antworten können. Das Erleben der

Todesnähe in dem Stotternheimer Gewittersturm führt den jungen Luther in eine Not, aus der ihn nichts befreien kann. Die Flucht ins Kloster bleibt genau dies: eine Flucht; sie bietet keinen Ausweg. Die Beschäftigung mit der wissenschaftlichen Theologie, wie sie in seiner Zeit gepflegt wird, wirft nur neue Fragen auf, führt ihn aber nicht zur erhofften Ruhe seines geplagten Gewissens. Die Frömmigkeitsübungen der Zeit sind ebensowenig in der Lage, seine fundamentale Frage zu beantworten: Wie kann ein Sünder je Gnade finden vor den Augen des Herrn? Luthers Wurzeln bieten ihm keinen Halt mehr. So sehr sich späterhin mitunter Elemente dieser Wurzeln in seiner theologischen Gedankenwelt wiederfinden lassen, so sehr ist doch auch klar, wie Luther sich von ihnen löst, um ein neues Fundament zu finden, das im Leben und im Sterben hält und trägt: die Schrift.

3

Gesetz und Evangelium – Luthers Ringen mit der Schrift

„Inzwischen war ich in diesem Jahr nun erneut an die Interpretation des Psalters gegangen. Ich vertraute darauf, dass ich geübter wäre, nachdem ich die Briefe des heiligen Paulus an die Römer und an die Galater und den, der an die Hebräer gerichtet ist, in Vorlesungen behandelt hatte. Ich war von ganz außerordentlicher Leidenschaft gefangen, Paulus im Brief an die Römer zu verstehen. Aber bisher hatte sich mir nicht eine Kälte des Herzens in den Weg gestellt, sondern eine einzige Vokabel, die im ersten Kapitel zu finden ist: ‚Die Gerechtigkeit Gottes wird in ihm [im Evangelium] offenbart.‘ Denn ich hasste diese Vokabel „Gerechtigkeit Gottes", weil ich durch den Gebrauch und die Gewohnheit aller Gelehrter so unterrichtet war, jene philosophisch zu verstehen im Blick auf die (wie sie sie nennen) formale oder aktive Gerechtigkeit, durch die Gott gerecht ist und die Sünder und Ungerechten straft. Ich aber spürte, dass ich, obwohl ich als untadeliger Mönch lebte, vor Gott ein Sünder bin mit einem ganz unruhigen Gewissen, und ich konnte nicht darauf vertrauen, Gott durch meine Genugtuung zu versöhnen. So liebte ich nicht, sondern ich hasste sogar den gerechten und die Sünder strafenden Gott. Und heimlich entrüstete ich mich zwar nicht gerade blasphemisch, aber doch mit ungeheurem Murren gegen Gott, und ich sagte: Als ob es noch nicht genug ist, dass die elenden und auf ewig verlorenen Sünder durch die Erbsünde mit jeder erdenklichen Art von Unglück niedergedrückt sind, durch das Gesetz des Dekalogs – muss denn Gott auch noch durch das Evangelium Schmerz auf Schmerz häufen und uns sogar noch durch das Evangelium seine Gerechtigkeit und seinen Zorn androhen! So raste ich mit wildem und verwirrtem Gewissen, und dennoch schlug ich ungestüm an dieser Stelle bei Paulus an, in dem so außerordentlich glühenden Durst zu wissen, was der heilige Paulus wollte. Bis ich schließlich durch das Erbarmen Gottes, Tag und Nacht tief im Nachdenken versunken, den Zusammenhang der Worte beachtete, nämlich: Die Gerechtigkeit Gottes wird in ihm offenbart, wie geschrieben ist: Der Gerechte lebt aus Glauben. Da habe ich angefangen, die Gerechtigkeit Gottes als solche zu verstehen, durch die der Gerechte durch ein Geschenk Gottes lebt, nämlich aus Glauben, und dass dies der Sinn sei:

‚Die Gerechtigkeit Gottes wird durch das Evangelium offenbart', nämlich die passive, durch die der barmherzige Gott uns rechtfertigt durch den Glauben, wie geschrieben ist: ‚Der Gerechte lebt aus Glauben'. Da fühlte ich mich wie neu geboren und so, als ob ich durch offene Tore ins Paradies selbst einträte. Da erschien mir alsbald das Gesicht der ganzen Schrift anders. Schließlich raste ich durch die Schriften, wie ich sie im Gedächtnis hatte, und ich fand auch in anderen Vokabeln eine Analogie, wie „Werk Gottes", d.h., welches Gott in uns wirkt, „Kraft Gottes", durch die Gott uns kräftig macht, „Weisheit Gottes", durch die er uns weise macht, „Stärke Gottes", „Heil Gottes", „Ehre Gottes". Mit ebenso großem Hass, mit dem ich zuvor die Vokabel „Gerechtigkeit Gottes" hasste, mit so großer Liebe hielt ich jetzt diese mir so süße Vokabel hoch, sodass mir jene Stelle des Paulus wahrhaftig das Tor zum Paradies gewesen ist." (54, 185/12–186/16).

So bezeugt Luther selbst in der Vorrede zu Band 1 seiner lateinischen Schriften 1545, also nur ein Jahr vor seinem Tod, das, was in der Forschung die „reformatorische Wende" genannt wird. Freilich: Bei diesem Text gilt es zu bedenken, wie weit der Bericht von dem geschilderten Ereignis entfernt ist. Und insofern ist er nicht nur berühmt, sondern auch berüchtigt, wenn es darum geht, an ihm etwa das Datum dieser „Wende" festzumachen. Doch ist es gar nicht das, was uns in diesem Moment zu interessieren hat. Viel wichtiger ist, wie an ihm deutlich wird, wodurch Luther zum Reformator geworden ist: durch das intensive Studium der Schrift, durch einen Kampf mit ihren Aussagen, durch ein exegetisches Ringen. Die Schrift wird ihm zum Fundament der Gottes– und der Selbsterkenntnis. Mit ihr lernt er zu verstehen, von ihr wird er getröstet, sie gibt ihm alle Antworten.

Luther als Ausleger der Schrift

Wenn man sich die vielen Bände der Weimarer Lutherausgabe ansieht, dann fällt es sofort ins Auge: Luther war Zeit seines Lebens in erster Linie Ausleger der Heiligen Schrift. Der größte Teil seines schriftlichen Werkes war die intensive Arbeit an und mit den Texten des Alten und des Neuen Testaments. Luther war Exeget. Für unsere Leitfrage nach der Theologie Luthers wird dadurch zweierlei deutlich: Erstens müssen wir Luthers Theologie als eine solche verstehen lernen, die sich an den Aussagen der Schrift abarbeitet. Kein theologisches Stück, das sich nicht in eine Korrespondenz mit den Schrifttexten bringen ließe, ob wir das, was Luther dabei herausfindet, nun angemessen finden oder nicht. Das bringt uns zum zweiten und fundamentaleren Element: Ergibt sich Luthers Theologie immer und zuerst aus seiner exegetischen Arbeit, dann muss sich diese Theologie eben genau die Frage stellen lassen, ob sie den Bibeltext in seinem Kern recht getroffen hat. Daraus wird dann ein hermeneutischer Grundsatz, der nicht nur auf Luthers Theologie hin Anwendung findet, sondern auf alles, was von sich behauptet, theologische Rede zu sein. Jede Theologie, jedes Reden von Gott muss sich an der Schrift messen lassen. Das ist nicht selbstverständlich. Und das gilt es sich immer wieder und immer wieder neu zu vergegenwärtigen, wenn man mit Anstand Protestant sein will.

Wenn wir hören, dass Luthers Theologie in erster Linie exegetische Arbeit ist, dann müssen wir eines vor allem berücksichtigen: „Exegese" im 16. Jahrhundert ist etwas ganz anderes als Exegese im 21. Jahrhundert. Die historisch-kritische Exegese, wie sie im Studium erlernt wird, ist eine Errungenschaft des 19. Jahrhunderts, und sie funktioniert heute mit Erkenntnissen, mit Methoden und Mitteln, die im 16. Jahrhundert undenkbar gewesen wären. Aber: Auch die Exegese des 16. Jahrhunderts war nicht ohne, und insbesondere Luthers Zugang bot einiges Neue. Es gehört zum Spannendsten herauszufinden, wann sich seine Auslegungsmethode wie gewandelt hat und er damit schon methodisch das Mittelalter hinter sich gelassen hat. Für uns ist wichtig festzuhalten, dass wir also sehr wohl fragen müssen, ob Luthers Ergebnisse den heutigen exegetisch-wissenschaftlichen Standards standhalten können oder nicht. Das müssen wir tun, wenn wir an der Übertragbarkeit von Luthers Aussagen interessiert sind. Wir dürfen aber nicht Lücken oder Fehler in Luthers Theologie monieren, die diesem mit den ihm zur Verfügung stehenden Mitteln gar nicht zu füllen oder zu entdecken gewesen wären.

Lassen wir den Eingangstext noch einmal Revue passieren, dann wird etwas Grundsätzliches deutlich, was nicht weniger wichtig ist: Die Reformation ist ein exegetisches Ereignis. Das Selbstzeugnis beschreibt die reformatorische Entdeckung als bis ins Innerste gehenden Kampf mit der Schrift. Weder eine Kritik am römischen Papsttum noch eine allgemeine Kirchenkritik sind der Auslöser gewesen, sondern ein intensives Studium der biblischen Texte. Das muss besonders gegen manche Darstellung u.a. auch in Schulbüchern gesagt werden. Luthers reformatorische Entdeckung beruht auf einer Auseinandersetzung mit der Schrift – nicht auf einer Auseinandersetzung mit Rom und dem Papst und der Kirche seiner Zeit. Dass seine Entdeckung dann notwendig in diesen Konflikt hineinführte, steht auf einem anderen und durchaus zu beachtenden Blatt. Hier gilt es aber sehr genau Ursache und Folge auseinanderzuhalten.

Wenn man die Ursachen näher betrachtet, dann stößt man auf Martin Luther als Mönch im Kloster. Er quält sich. Er ringt mit seinem Gott, mit dem Teufel und wahrscheinlich am allermeisten mit sich selbst. In dieser Situation spielt Luthers Beichtvater Johann von Staupitz eine entscheidende Rolle, der es nicht mit ansehen kann, wie sich einer seiner Mönche zu Tode quält. Staupitz bringt Luther dazu, die Schrift zu studieren. Luther – wie wir schon erfahren haben – gehorcht. Staupitz tut noch mehr. Er schickt Luther im Herbst 1510 zur Schlichtung eines Ordensstreites nach Rom. Luther tut in Rom alles, was Mensch und Mönch damals so tut, um sich und den Seinen das Heil zu sichern. Fraglich ist ihm bei dem, was ihm begegnet, ausschließlich die Verwahrlosung des Klerikerstandes; was ihn befremdet, ist die Hast, mit der die Pilgerströme durch die Gassen, an den Reliquien und heiligen Stätten vorbeigetrieben werden und die keine Zeit für Andacht und Bußgebete lässt – keineswegs aber ist ihm das diesem Treiben zugrunde liegende Gnadenverständnis eine Anfechtung.

1512 tritt Luther in der noch jungen, im humanistischen Sinne von Kurfürst Friedrich dem Weisen 1502 gegründeten Universität Wittenberg die Nachfolge für die Professur an, die sein Beichtvater Staupitz innehatte. Durch den Wechsel von Erfurt nach Wittenberg gerät er nicht nur näher an Staupitz heran, der im dortigen Konvent nun sein Mitbruder ist, sondern er lenkt auch recht schnell die Aufmerksamkeit des sächsischen Kurfürsten auf sich. Und er hat sich nun in noch einmal gesteigerter Weise mit der Heiligen Schrift auseinanderzusetzen. Nach ersten Vorlesungen über die Sentenzensammlung des Petrus Lombardus bereits 1509/10, von denen uns einige Randbemerkungen erhalten geblieben sind, die Luther als relativ eng in den bekannten ockhamistischen Bahnen sich bewegenden Theologen zeigen, hält er 1513–1515 seine erste Vorlesung über die Psalmen. Kein Wunder, ist ihm doch der Psalter das aus dem Klosteralltag vertrauteste Buch der Bibel. In dieser frühen Vorlesung finden sich bereits recht erstaunliche Aussagen, die nicht mehr oder jedenfalls nur noch schwer mit der traditionellen Theologie in Einklang zu bringen sind. Was Luther in diesen ersten Texten zu den Themen Sünde, Gnade, Kirche und Sakramente zu sagen hat, ist verglichen mit seinen Randbemerkungen zum Lombarden schärfer, durch seine eigenen Paulusstudien in Akzenten verändert und deutet an, dass inhaltliche Pointierungen nur darauf warten, in eine profilierte sprachliche Form gebracht zu werden. Zu behaupten aber, hier wäre Luther schon gänzlich zum Reformator geworden, ist verfehlt. Bei genauer Untersuchung fällt auf, dass es eher die Methode ist, z.B. lange durch die Tradition anderweitig in Anspruch genommene Quellen – wie etwa Augustin – neu zu Wort kommen zu lassen, die ihn nach und nach auf einen Weg bringt, der vom traditionellen abdriftet. Hinsichtlich der Methode ist neu bzw. neu akzentuiert bei Luther die christologische Zuspitzung. Die Hoheitsaussagen der Psalmen etwa kann er wie die Tradition christologisch deuten, er ist aber konsequenter in der Durchführung, indem er auch die Niedrigkeitsaussagen christologisch deutet. Manche Stellen, so Luther, seien überhaupt nur mit Christus verstehbar. Ferner wird ihm die Unterscheidung Augustins zwischen Buchstabe und Geist wichtig.

Nach der ersten Psalmenvorlesung wagt sich Luther an die Paulusexegese. Nacheinander legt er 1515/16 den Römerbrief, 1516/17 den Galaterbrief und 1517/18 den Hebräerbrief aus. Dass sich insbesondere im Kontext der Römerbrief- und der Galaterbriefexegese etwas in Luther getan haben dürfte, dafür sprechen mehrere Faktoren: Erstens zielt sein eigenes, oben zitiertes Zeugnis in diese Richtung; zweitens spricht seine kurz darauf folgende Kritik am Ablasswesen dafür, dass nun etwas von innen nach außen drängt und eine grundsätzliche Frage provoziert worden ist, die dieses Nach-außen-Gehen unvermeidlich werden lässt. Und drittens und vor allem sind es natürlich die Themen des Römerbriefes, insbesondere die Äußerungen des Paulus zur Gnade, zum alten und zum neuen Menschen, zur Rechtfertigung, zur Sünde, die nachgerade dazu prädestiniert sind, auf die Fragen Luthers zu antworten und in den Texten etwas wiederzuentdecken, was lange verschüttet gewesen war. Dass dennoch auch in diesen Aussagen Luthers noch manches Traditionelle und Althergebrachte zu finden ist, kann und muss als Indiz ernst genommen werden, wie hier immer noch nicht alles durchgebrochen ist, was hätte durchbrechen können und uns gewissermaßen einen „neuen Luther" vor Augen stellt. Dennoch: Luther kommt im Kontext dieser Auslegungen an den Kern der Dinge.

Wie wir schon seinem großen Selbstzeugnis entnehmen konnten, bringen diese Einsichten Luther dazu, sich abermals mit dem Psalter zu beschäftigen. Von 1518 bis 1521 legt er die Texte erneut aus, und mitten in seinem Kampf mit Rom und dem Reich widmet er sich ab 1521 in den „Operationes in psalmos" erneut den existenziellen Aussagen dieses biblischen Buches, nun natürlich mit der Tiefe des reformatorischen Verständnisses.

Nach diesen Vorlesungen ist es erst mal vorbei mit der ruhigen Lebensweise des Gelehrten: Luther gerät in die Mühlen der päpstlichen Verfolgung, der kaiserlichen Bedrohung, die Reformation als gesamtgesellschaftliches Ereignis nimmt ihren Lauf. Luther treibt nun in anderer Weise Exegese: Er betätigt sich als Übersetzer. Luther übersetzt während seines unfreiwilligen Wartburgaufenthaltes in nur wenigen Monaten 1521/22 das gesamte Neue Testament aus dem Griechischen ins Deutsche; im September 1522 erscheint die Übersetzung, die daher den Namen „Septembertestament" erhält und wesentlich dazu beiträgt, dass Luther auch insofern als Sprachereignis zu gelten hat, als er u.a. mit dieser Übersetzung die deutsche Sprache nachhaltig prägt. Unmittelbar danach macht Luther sich an die Übersetzung des Alten Testaments, eine Arbeit, die ihn freilich länger in Anspruch nimmt; erst 1534 ist dieser Akt abgeschlossen. Dem Wort des Evangeliums einen angemessenen, treffenden deutschen Ausdruck zu verleihen ist und bleibt ihm ein Hauptanliegen, und dafür nimmt er alle Mühen auf sich. Bei all dieser mühsamen Übersetzungsarbeit hilft ihm u.a. Philipp Melanchthon, sein Wittenberger Weggefährte seit 1518. 1534 erscheint die erste Gesamtausgabe von Luthers Bibelübersetzung unter dem Titel: „Biblia, das ist die ganze Heilige Schrift deutsch".

Wie sehr Luther die Übersetzungsarbeit beschäftigt, können wir auch daran ersehen, dass er sich gewissermaßen theoretisch damit auseinandersetzt bzw. sein Vorgehen namentlich gegenüber Rom verteidigt. In diesem Zusammenhang verfasst er 1530 den „Sendbrief vom Dolmetschen" und gibt darin einen eindringlichen Einblick in seine Werkstatt, der verdeutlicht, wie sehr Übersetzungsarbeit nicht nur ein philologisches, sondern ebenso ein theologisches Unterfangen ist.

Nach vielen weiteren Arbeiten insbesondere zu den Prophetenbüchern und zu weiteren Stücken des Neuen Testaments beginnt Luther 1531, als die reformatorische Bewegung in etwas ruhigere Fahrwasser gelangt, mit der Vorlesung und Kommentierung des Galaterbriefes, dem er sich zu Beginn seiner Laufbahn schon einmal gewidmet hatte. Wiederum nimmt er sich auch die Psalmen vor, bevor er 1535 eine zehnjährige Beschäftigung mit der Genesis aufnimmt, die ihn bis kurz vor seinen Tod begleitet. In diese exegetischen Arbeiten legt er die ganze Kraft und Tiefe seiner Erkenntnisse, und eigentlich sind es diese Texte, in denen sich das reformatorische Programm und die Lehre Luthers verbergen.

Eine letzte Seite von Luthers exegetischer Arbeit müssen wir noch erwähnen: seine Predigten. Die intensive Auseinandersetzung mit den Versen des Alten und des Neuen Testaments ist das Fundament evangelischer Predigt schlechthin. Dass die Auslegung des Wortes Gottes im Zentrum des evangelischen Gottesdienstes steht ist indes keineswegs selbstverständlich und selbstevident, sondern will begründet sein. Für Luther begründet sich dies aus der Relevanz des schöpferischen und rettenden Wortes Gottes: Wenn Gott durch sein Wort die Welt schafft (Gott sprach – und es wurde; so die Redefigur im ersten Schöpfungsbericht) und durch sein fleischgewordenes Wort Jesus Christus die Welt aus dem Verderben rettet – wie kann ihm dann anders entsprochen werden als eben mit dem Wort? Mit dem Wort, das sein Evangelium und die darin zugesagte Erlösung bezeugt und in der Bezeugung vergegenwärtigt. Genau dies entdeckt Luther und stürzt damit die jahrhundertealte Konzentration auf die Eucharistie als Mitte der gottesdienstlichen Feier um. Von dort aus sind Luthers Predigten Schriftauslegungen, Schriftzeugnisse der besonderen Art und keineswegs zu unterschätzen.

Wir haben damit eine zentrale Seite Luther'scher Theologie kennengelernt: die intensive Beschäftigung mit der Schrift. Luther ist Exeget, also ist seine Theologie exegetisch. Auf den Punkt gebracht: ohne Schrift kein verkündetes Wort, ohne Schriftauslegung kein Lehrsatz, ohne Exegese keine Theologie. Jede Theologie an der Schrift Alten und Neuen Testaments vorbei ist keine Theologie. Doch warum hat das so zu gelten? Dazu ist nun eine zweite Seite zu bedenken.

Luther als Ausgelegter der Schrift

Wenn man noch einmal an das große Selbstzeugnis zurückdenkt, ist Folgendes bemerkenswert: Es handelt sich um einen Kampf! Luther beschreibt jedenfalls seinen Kampf mit der Schrift so, als wäre die Schrift ihm nicht ein Objekt des Wissens und der Erkenntnis, sondern als wäre sie ein gleichberechtigter Partner, eine Person. Wie Jakob an der Jabboksfurt mit einem Engel kämpft, der ihm die Hüfte ausrenkt, sodass Jakob von dieser Begegnung eine bleibende Erinnerung behält (Gen 32, 23–33), so kämpft Luther mit der Schrift, und auch er hinkt fortan, auch er schleppt schwer an dieser Begegnung, auch er erhält eine bleibende Erinnerung.

„Wenn der Glaube aus dem Hören des Wortes empfangen wird und Kinder das Wort Gottes hören, wenn sie zur Taufe gebracht werden, so empfangen sie also den Glauben." (TR 3, Nr. 2904a, 62/31–63/1) Mehr als einmal erinnert Luther in unterschiedlichen Zusammenhängen an das paulinische fides ex auditu, an das: Der Glaube kommt aus dem Hören. Nicht aus irgendeinem Hören. Sondern aus dem, das ein Vertrauen und in diesem Vertrauen ein Gehorchen ist. Ein Gehorchen, das dann eben nicht das ist, was wir bei diesem Wort vielleicht befürchten: ein Kadavergehorsam nämlich. Sondern im Gegenteil ein Gehorchen, das dem Gebot Gottes folgt, weil es gewiss ist, dass dieses Gebot und die Befolgung dieses Gebotes „in Ordnung" sind, in der Ordnung Gottes, und seinem Heilsplan entsprechen. So verstanden ist Exegese dann nicht in erster Linie ein Auslegen, sondern ein Ausgelegt-Werden. Sie ist Ex-egese, nicht „Eis-egese", will sagen: Sie ist Auslegung, nicht Hineinlesung (das griechische „eis" bedeutet „hinein"). Der Exeget kann und darf immer nur so viel aus der Schrift herausholen, wie in ihr verborgen ist. Zwar wird er sich als Subjekt nicht davon lösen können, die Schrift durch seine individuelle Brille zu begreifen und zu interpretieren; in dem Augenblick jedoch, wo er sich nicht nur als Subjekt, sondern als Objekt der Schriftauslegung begreift, wird er erfahren, um wen es da in dieser Auslegung geht. Natürlich ist es richtig, dass die Bibel wie jedes andere literarische Werk zu behandeln ist; man kann ungeniert alle Methoden auf sie anwenden, die man auf ein Goethe-Gedicht, eine Novelle von Gottfried Keller oder einen Roman von Thomas Mann hin auch anwenden würde. Der Bibeltext ist kein heiliger Text insofern, als er buchstabengetreu nachgebetet sein will und unantastbar wäre. Mit dem Text allerdings in dieser rein „technischen" Manier umzugehen, hieße, nicht zu begreifen, dass der Text den Leser auslegt, ihm in seiner je spezifischen Situation etwas zu sagen und zu bedeuten hat.

Luther hat sich Zeit seines Lebens so als Ausgelegter der Schrift verstanden. Immer wieder hat ihm die Schrift ein neues Gesicht gezeigt, immer wieder ihn dazu getrieben, alte Aussagen zu überprüfen, immer wieder in den Kampf gezwungen, ihm immer wieder neue Anfechtung abverlangt und neuen Trost gespendet. Und zugespitzt formuliert er: „Wohlgemerkt: Die Kraft der Schrift besteht nicht darin, dass sie in den gewandelt wird, der sie studiert, sondern sie verwandelt den, der sie liebt, in sich und ihre Kräfte hinein." (3, 397/9–11) Aus dieser lebenslangen Beschäftigung und aus dieser Einsicht ergeben sich nun mehrere Grundsätze, die der Schrifttheologe Luther uns hinterlassen hat.

Luthers hermeneutische Grundsätze

Den ersten und fundamentalsten dieser Grundsätze formuliert Luther in der „Assertio omnium articulorum", einer Art Verteidigungs- und Bekräftigungsschrift, die er 1520 als Reaktion auf die päpstliche Bannandrohungsbulle veröffentlicht und in der er die Sätze, deretwegen er vom Papst angegriffen wird, bestärkend zuspitzt. Dort heißt es: „[Die Heilige Schrift] ist durch sich selbst ganz gewiss, ganz leicht verständlich, ganz offen, ihre eigene Auslegerin, indem sie alles von allen prüft, richtet und erleuchtet". (7, 97/23f.) Dieser Grundsatz zwingt dazu, sich immer wieder in den Kampf mit der Schrift zu begeben. Wenn die Schrift ihre eigene Auslegerin ist, dann kann auch nur sie selbst sich in der Fülle ihres Gehaltes entdecken und zur Sprache bringen. Dann wird alles interpretierende Reden des Menschen nichts weiter sein als ein bemühtes Gestammel, das allenfalls der Sache näher kommt, sie aber nie völlig erreicht. Dies provoziert ein beständiges neues, um die Sache ringendes Reden. Ferner resultiert daraus ein permanenter Dialog um die Sache, von der die Schrift Zeugnis ablegt. Niemals ist alles gesagt und geschrieben und wäre die Theologie an ihrem Ende. Und dann resultiert daraus – und wohl gemerkt: erst daraus! – ein kritischer Umgang mit allem, was von sich behauptet, theologische Rede zu sein. Ein theologischer Streit muss immer ein Streit um die Sache sein, nie ein Streit um irgendeinen Dünkel, irgendeine Eitelkeit, irgendeinen Vorteil.

Nun wird man mit Recht fragen dürfen: Wenn die Schrift ihre eigene Auslegerin ist – wozu bedarf es dann der Ausleger? Wer darf überhaupt die Schrift auslegen? Ist es nicht ein Widerspruch, zuerst zu behaupten, Theologie sei namentlich Schriftauslegung, und dann zu sagen, die Schrift allein sei ihre Auslegerin?

Der rechte Ausleger der Schrift ist, so sagt Luther an mehreren Stellen, der Heilige Geist, der äußerlich die Predigt steuert, sie an das Ohr des Predigthörers dringen lässt, innerlich die Herzen erleuchtet und durch das Wort zum Glauben kommen lässt. Er ist es, der den Ausleger treibt und darüber entscheidet, ob etwas beim Hörer ankommt oder nicht. Das bedeutet mehrerlei. Zum einen etwas, was auch in pädagogischer und didaktischer Hinsicht ausgesprochen wichtig ist: Ein Lehrer oder ein Prediger kann noch so begnadet, kann noch so charismatisch sein; ob das, was er verkündet, wirklich „ankommt", darüber entscheiden weder seine Fähigkeiten noch die Aufnahmebereitschaft seiner Adressaten. Darüber entscheidet allein der Heilige Geist. Das ist zunächst eine ungeheure Entlastung: Ich als Lehrer und als Prediger bin nicht für alles und schon gar nicht allein für alles verantwortlich. Das entbindet mich freilich nicht davon, alles in meinen Kräften Stehende zu tun, damit dem Anspruch des Wortes Gottes in Lehre und Predigt Genüge getan wird. Ob aber aus dem, wovon ich in Unterricht, Predigt und Seelsorge zeuge, Glaube entsteht, liegt nicht in meinem Wollen und Können. Das liegt am Heiligen Geist, der weht und wirkt, wo er will. Zum Zweiten bedeutet dies, es entzieht sich meiner und jedes anderen Kontrolle, ob der Heilige Geist gerade wirkt oder schon gewirkt hat oder noch wirken wird. Eine gute Predigt ist keine Garantie, dass ein Glaubensraum entsteht; eine perfekt vorbereitete und durchgeführte Unterrichtsstunde kann zwar garantieren, dass die Schüler intellektuell den Stoff durchdringen, aber ob sie ihn verstehen, im Sinne von: glauben – das kann und das soll ich nicht beurteilen.

Luther bemerkt in dem zitierten Satz aber noch etwas ganz Entscheidendes: Die Schrift ist selbst in höchstem Maße verständlich. Nicht nur, dass es keinen geeigneteren Ausleger als die Schrift selbst gibt; es braucht im strengen Sinne auch gar keinen anderen Ausleger, weil die Schrift sich selbst auslegt und ihre Aussagen so klar vor Augen liegen, dass es keiner komplizierten Interpretation bedarf. Diesen Grundsatz vertieft Luther 1525 in der Schrift „Vom unfreien Willensvermögen", wo er sich gegen die Auffassung des Erasmus wendet, es seien manche Schriftstellen so dunkel, dass man besser die Finger von ihnen lässt bzw. es tunlichst unterlassen sollte, sie vor dem gemeinen Volk auszubreiten. In diesem Kontext entwickelt Luther seine Lehre von der Klarheit der Schrift (claritas scripturae). Das äußere Wort (verbum externum) wird dort von Luther gleichgesetzt mit dem gepredigten Wort (verbum praedicatum). Das Wort Gottes (verbum divinum) begegnet nicht anders denn als vermitteltes Wort, als das Wort in der Verkündigung. Das verringert in keiner Weise die Bedeutung dieses Wortes oder setzt es in seiner Würdigkeit herab. Vielmehr hat Gott selbst gewollt, dass sein Wort weitergesagt wird, dass es aller Welt verkündet wird. Für den Kirchenbegriff ergibt sich daraus etwas ganz Entscheidendes: Kirche ist demnach nämlich der Ort, an dem – und nur an dem! – diese Verkündigung zu geschehen hat. Und: Es gibt keinen Zugang zum Wort Gottes außerhalb der Verkündigung der Kirche. Einen Glaubenszugang außerhalb von Kirche und in der Kirche verkündetem Schriftzeugnis gibt es schlechterdings nicht. Luther steht hier bereits die Auseinandersetzung mit den Schwärmern seiner Zeit vor Augen, die den Heilsweg außerhalb der Kirche suchen. Dieses äußere Wort nun ist völlig klar. Auch hier wieder kommt es nicht auf die Begabung des Predigers oder Lehrers an; es kommt darauf an, dass der Gottesdienst Raum schafft für die Entfaltung des Wortes. Das innere Wort (verbum internum) kann freilich kein Mensch verstehen, weil es dazu eines reinen, unverfälschten Glaubens bedarf und der Geist ungehindert wehen können müsste. Das ist aber durch den Menschen selbst verhindert. Dessen Sündhaftigkeit ist dafür verantwortlich, dass der Mensch von sich aus nicht wollen kann, dass Gott Gott ist. So kann der Mensch auch nicht erkennen, was die Schrift in ihrer Tiefe über Gott, über ihn, den Menschen, und über das Verhältnis beider zueinander aussagt und bezeugt. Die Wahrheit der Schrift widerspricht dem, was der Mensch als Sünder für Wahrheit hält. Und also wird er – ganz im Sinne der paulinischen Rede in 1 Kor 1, 18ff. – für Torheit halten, was ihm im Evangelium von Kreuz und Auferstehung als Wahrheit daherkommt, und er wird seine eigene Wahrheit formulieren. Er wird nicht erkennen, er wird verblendet bleiben gegen das, was ihm das Wort Gottes zumutet und zutraut. So klar die Schrift ist, so unverständig das menschliche Herz. Die

Wahrheit des Evangeliums widerspricht so sehr der menschlichen Vernunfteinsicht, dass die Vernunft – will sie sich weiterhin einbilden, die Welt zu verstehen – alles tun muss, sich dieser Wahrheit zu verschließen. Wo liegt aber nun das Kriterium für das, was wahr, und für das, was unwahr ist?

„Der rechte Prüfstein, alle Bücher zu beurteilen, ist, wenn man sieht, ob sie Christum treiben oder nicht." (DB 7, 384/26f.) In diesem Satz benennt Luther klar das Kriterium für die Wahrheit: Jesus Christus. Im unmittelbaren Kontext bedeutet dies, dass er am liebsten den Jakobusbrief als dem Evangelium widersprechend aus dem Kanon ausgeschlossen wissen wollte. Ebenso gehört für Luther die Offenbarung Johannis zu den Texten, die am Kern des Evangeliums haarscharf vorbei gehen. Und zwar deshalb, weil sie ein anderes Evangelium verkünden als das von Jesus Christus gepredigte, als das von der Rechtfertigung des Sünders und von der umsonst geschenkten Gnade Gottes. Was das bedeutet, wird im nächsten Kapitel näher beleuchtet. Hier ist entscheidend, dass einziges Kriterium für die Entscheidung der Wahrheitsfrage Jesus Christus ist. Was das heißt, wird erst deutlich, wenn man die Alternativen bedenkt. Eine zeitgenössische Alternative wäre im 16. Jahrhundert natürlich die Tradition gewesen, also die Texte der Kirche, die eine gewisse Autorität erlangt haben und gleichrangig neben der Schrift zu stehen kommen. Dabei finden die Schriften der Kirchenväter ebenso Beachtung wie die Lehrentscheidungen, die Dogmen der Kirche. Eine weitere Alternative könnten irgendwelche Ideologien sein, die Heil und Seligkeit versprechen.

Das klingt ganz simpel: das Evangelium von Jesus Christus als das Kriterium für die Wahrheit. Berücksichtigen wir aber, was wir gerade von der Klarheit der Schrift herausgefunden haben und von der Unmöglichkeit für den sündigen Menschen, diese Klarheit wahrzunehmen, zu erkennen, zu verstehen und ihr zuzustimmen, dann wird dieses Kriterium zum Prüfstein und als solcher immer zugleich zum Stolperstein, biblisch gesprochen: zum Stein des Anstoßes und zu dem Eckstein, den die Bauleute verworfen haben. Dann ist es gerade nicht einfach, zur Wahrheit vorzudringen, sondern eine ständige Herausforderung und Anfechtung. Jesus Christus wird als permanentes Gegenüber empfunden, als Provokateur, als jemand, der ständig den Spiegel vorhält und uns an alles mahnt, an das wir nicht gerne gemahnt werden. Insofern bleibt die Aufgabe, sich der Wahrheit des Evangeliums immer wieder neu zu nähern. Theologie ist mithin kein Amt, das sich irgendwann von selbst erledigt hätte, das an ein Ende gelangen könnte. Theologie muss immer neu und immer wieder getrieben werden. Gerade darin besteht die Inanspruchnahme durch Jesus Christus, dass er immer wieder zu dieser Aufgabe mahnt.

Was macht es so schwierig, Jesus Christus als das Kriterium der Wahrheit so ohne Weiteres anzuerkennen? Luther gibt darauf eine bemerkenswerte, weil sehr knappe und auf den ersten Blick undeutliche Antwort, die uns zugleich zum letzten hier zu benennenden Element der hermeneutischen Grundsätze Luthers führt: das Vermögen, Gesetz und Evangelium zu unterscheiden. Luther schreibt: „Beinahe die gesamte Schrift aber und die Kenntnis der ganzen Theologie hängt an der rechten Kenntnis von Gesetz und Evangelium." (7, 502/34f.) Und an anderer Stelle: „Wer also das Evangelium vom Gesetz gut zu unterscheiden weiß, der sage Gott Dank und wisse, dass er ein Theologe ist". (40 I, 207/17f.) Es ist also nichts Geringes um diese Unterscheidungskunst. Vielmehr hängt daran alles. Ohne dieses Unterscheidungsvermögen ist er ein schlechter Theologe; und ein schlechter Theologe ist eigentlich und wesentlich kein Theologe. Nun ist es ganz wichtig, zuerst zu sagen, was damit nicht gemeint ist. Die Verwechslung liegt nahe, als sei mit dieser Unterscheidung das Alte Testament obsolet geworden, das nach landläufigem Verständnis Gesetze und Gebote enthält, die es zu befolgen gilt und deren Nichtbefolgung empfindliche Strafen nach sich zieht. Und da jeder weiß, dass das Gesetz durch Jesus Christus an sein Ende gelangt ist, hat das Alte Testament allenfalls noch nostalgischen Wert. Weit gefehlt! Gesetz und Evangelium nach Altem und Neuem Testament zu unterscheiden wäre ebenso verfehlt wie zu denken, es gäbe den gesetzlichen, den zürnenden und strafenden Gott nicht mehr. Die Unterscheidung zwischen Gesetz und Evangelium ist vielmehr eine, die mitten durch den Menschen geht. Ein und dasselbe Wort Gottes kann ein und demselben Menschen von einem Augenblick zum anderen als gesetzlich und dann als evangelisch gelten. Je nachdem, in welchem Status er sich gerade befindet, ob der Heilige Geist sein Ohr geöffnet hat und das Wort des Evangeliums zu ihm dringen lässt oder nicht. Die Unterscheidung von Gesetz und Evangelium ist – wenn man das einmal so zugespitzt formulieren will – die hermeneutische Pointe einer anthropologischen Grundeinsicht. Wie es zu dieser anthropologischen Grundeinsicht kommt und worin genau sie besteht, wird uns im Folgenden immer wieder zu beschäftigen haben. Man kann keine Aussage über die Schrift treffen, die nicht zugleich auch eine über den Menschen wäre. Und man kann keine Aussage über den Menschen machen, die nicht zugleich auch eine über die Schrift bzw. über das in ihr bezeugte Offenbarungsgeschehen wäre. Darin liegt das begründet, was die Tradition als die erste der vier Exklusivpartikel mit dem Stichwort des sola scriptura bezeichnet hat. „Allein die Schrift" bleibt damit kein Formalprinzip, sondern weist als hermeneutische Pointe mitten in die Botschaft der Rechtfertigung des Gottlosen.

Nun stellt sich nichtsdestoweniger die Frage, was denn das Gesetz für eine Bedeutung hat, wenn es als Heilsweg nicht mehr in Betracht kommt. Luther betont einen zweifachen Gebrauch: den usus politicus (politischer Gebrauch) und den usus paedagogicus (pädagogischer Gebrauch). Der usus politicus hebt die Aufgabe des Gesetzes in der Welt hervor. Da die Welt nun einmal nicht gut ist (und auch nicht gut wird), bedarf es einer ordnenden Macht, die von Gott eben zu dieser Ordnung eingesetzt ist: des Staates bzw., um in der Terminologie der Zeit zu bleiben, der Obrigkeit. Die Obrigkeit bedient sich des Gesetzes, um für die Aufrechterhaltung der Ordnung zu sorgen. Das ist einleuchtend und plausibel. Luther ist es aber auch darum zu tun, dem Gesetz weiterhin eine theologische Funktion zuzuschreiben. Insbesondere in Auseinandersetzung mit den sogenannten Antinomern (denen also, die sich gegen das Gesetz und seinen theologischen Gebrauch aussprachen) in den 30er Jahren hebt Luther hervor, das Gesetz habe die Aufgabe, auf das Evangelium zu verweisen. Das Dilemma des Du-sollst-Du-kannst-aber-Nicht – permanent steht mir das Gesetz mit seinen Forderungen vor Augen, von denen ich genau weiß, dass ich sie nie werde erfüllen können – treibt mich gewissermaßen in die geöffneten Arme Jesu Christi am Kreuz. So klagt das Gesetz vor allem mein Gewissen an – welches das Evangelium dann tröstet. Man kann wohl ohne Übertreibung sagen, dass die Unterscheidung von Gesetz und Evangelium eine, wenn nicht die Fundamentalunterscheidung im theologischen Denken Martin Luthers ist. Luther wird Zeit seines Lebens nicht müde, auf die Bedeutung dieser Unterscheidung hinzuweisen, die so sehr Kernstück seiner reformatorischen Erkenntnis ist.

Doch worin besteht nun im Eigentlichen und Wesentlichen eben diese reformatorische Erkenntnis?

4

Gerechtfertigter und Sünder – Luthers reformatorische Entdeckung

Was ist der Kern, das Spezifische des Protestantismus? Was macht ihn bis heute unverwechselbar und zeichnet ihn aus vor allen anderen Möglichkeiten, die Botschaft der Heiligen Schrift zu verstehen, zu deuten und darzulegen? Luther selbst sprach schon davon, der Artikel, an dem alles hänge, sei derjenige von der Rechtfertigung. Und die lutherische Tradition schließlich nannte ihn denjenigen, mit dem die Kirche steht und fällt. Doch heute ist es schwierig geworden, im Blick auf die Rechtfertigung von dem Profilmerkmal schlechthin zu sprechen. Die ökumenische Diskussion der letzten Jahrzehnte hat nicht selten dieses Thema dem düsteren Kapitel konfessionellen Dünkels und selbstverliebter Eitelkeit zugeschrieben, und spätestens mit der Unterzeichnung der „Gemeinsamen Erklärung zur Rechtfertigungslehre" im Jahre 1999 scheint ein Schlussstrich gezogen unter diesen Abschnitt konfessionellen Mutwillens. Und was noch schwieriger ist: Wer versteht überhaupt noch, was „Rechtfertigung" meint? Das Wort ist aus der Mode gekommen – und die Sache, die es bezeichnet? Ist Luthers Frage nach dem gnädigen Gott, ist diese Frage, die ihn so umgetrieben hat, noch unsere Frage? Trifft sie unser religiöses Suchen?

Der Durchbruch der reformatorischen Entdeckung

Luther hat gerungen. Er hat im Kloster alles getan, seinem Gott zu gefallen. Sein großes, spätes Selbstzeugnis bekundet dieses Ringen beredt; und es bekundet es als vergebliches Ringen. Luther fällt mit all seinem redlichen Bemühen buchstäblich immer wieder in den Staub der Klosterzelle. Bis er beim eifrigen Suchen in der Schrift auf das so ganz andere Zeugnis stößt. Luther selbst gibt den genauen Zeitpunkt dieser „Wende" nicht an. Hätte er es getan, so wäre der reformationsgeschichtlichen Forschung so manche Debatte erspart geblieben, die sich um die Frage rankte, wann sich der Durchbruch der reformatorischen Erkenntnis datieren lässt und wo und wie er genau stattgefunden hat. Die Vertreter der Frühdatierung, die gerne die reformatorische Wende schon in die Zeit der ersten Psalmenvorlesung setzen wollen, verkennen, wie sehr Luther zu einem großen Teil zu diesem Zeitpunkt noch in den traditionell-scholastischen Bahnen dachte; die Vertreter der Spätdatierung, die erst 1518, als Luther öffentlich gegen Rom und den Papst opponiert, den Durchbruch annehmen, verkennen, dass es dazu schon einiger inhaltlicher Vorbereitung bedurfte. So vehement und leidenschaftlich man in dieser Angelegenheit auch streiten mag, letztlich wird es wohl darauf hinauslaufen, den reformatorischen Durchbruch nicht als punktuelles Ereignis zu beschreiben, sondern als allmähliche Entwicklung. Es dürfte sich nicht um eine plötzliche Bekehrung gehandelt haben, auch wenn Luther diese Vorstellung selbst etwa in seinem Selbstzeugnis oder in seiner Rede vom Turmerlebnis provoziert.

Interessant wird die Frage ohnehin erst an der Stelle, an der es darum geht, diesen Durchbruch inhaltlich zu beschreiben. Wo es also darum geht, die Reformation nicht allein als historisches, sondern auch und vor allem als theologisches Ereignis zu erfassen. Was unterscheidet die Lehre Luthers so fundamental von allem Dagewesenen (und möglicherweise auch von allem Zukünftigen), dass es legitim ist, die Reformation als epochemachendes Ereignis zu verstehen?

Wenn man das große Selbstzeugnis von 1545 also nicht dazu nutzen will, ein exaktes Datum zu eruieren, dann kann es doch dazu dienen, die inhaltliche Pointe der reformatorischen Erkenntnis Luthers zu benennen. Dabei fällt sofort das Gegenüber ins Auge, das Luther aufbaut: Er spricht von der aktiven und der passiven Gerechtigkeit. Offensichtlich war seine bisherige Meinung gewesen, der Mensch müsse selbst gerecht sein. Seine Gerechtigkeit bzw. genauer: das Maß der menschlichen Gerechtigkeit ist das, was später im Gericht zur Anerkennung kommt. In eine simple Formel gebracht: Das Maß der göttlichen Gnade richtet sich nach dem Maß der menschlichen Gerechtigkeit. Und diese Gerechtigkeit kann sich der Mensch erwerben durch das Befolgen der Gebote und Gesetze Gottes. Das entspricht durchaus unserer Vorstellung: Wer sich an die Rechtssätze unseres Staates hält, ist gerecht. Und der wird auch nicht angeklagt und verurteilt – wofür auch? Übertragen auf die Situation des Menschen vor Gott also ein durchaus logisches Unterfangen: Wer sich an die Gebote Gottes hält, der ist in dessen Augen gerecht; er entspricht dem, wie Gott ihn ursprünglich konzipiert hat. Warum also sollte Gott ihn dann im Gericht strafen?

Luthers Problem nun war aber kein logisches, sondern – die Wortspielerei sei gestattet – ein theo-logisches. Denn es war ganz offensichtlich, dass ihn dieses simple Rechenexempel um den Verstand bringen musste. Je mehr er sich anstrengte, die geforderte Gerechtigkeit zu erlangen, desto unsicherer wurde er, ob das seinem Gott wirklich genug war. Wenn Gott gerecht war und Gerechtigkeit von seinen Gläubigen erwartete – wie konnte der Gläubige dann sicher sein, den Grad der Gerechtigkeit erlangt zu haben, der ihn im Gericht bestehen ließ? Also musste er sich noch mehr anstrengen. Und wurde noch unsicherer. Und strengte sich noch mal mehr an. Es ist zu spüren: Hier bahnt sich eine Endlosschleife an. Und genau in einer solchen Endlosschleife war Luther gefangen. Den Ausweg findet Luther dann ausgerechnet in der Bibelstelle, die ihm zuvor so viel Kummer und Ärger bereitet hatte. Denn dort entdeckt er drei Schlüsselwörter: Glaube, Gerechtigkeit und Leben. Wenn Gott so ist, wie Luther ihn aus der Tradition kennt: der also, der nach dem Maß der Gerechtigkeit des Menschen Gnade walten lässt (oder eben auch nicht), dann kann er am Ende nur der Strafende und Zürnende sein. Denn eben dies war ja Luthers eigene schmerzliche Erfahrung: Der Mensch kann, auch wenn er sich noch so sehr anstrengt, Gott nicht Genugtuung leisten. Alles, was er tut, wird immer zu wenig sein und Gott nicht zufriedenstellen können. Wenn Gott dann aber nichts anderes tun kann als strafen und zürnen – wie soll er dann der Gott sein, von dem es in der Schrift heißt, er wolle den Tod des Sünders nicht? Wie soll er dann ein Gott des Lebens sein? Wie soll sein Evangelium ein Eu-angellion, eine „frohe" Botschaft sein?

Luther spürt: So geht es nicht. Will man das Wort vom Leben und das Wort von der Gerechtigkeit zusammenbringen, dann muss mit Gerechtigkeit etwas anderes gemeint sein als der gerechte Habitus des Menschen. Und nun eröffnet sich ihm das neue Verständnis. Soll der Gerechte aus dem Glauben leben, dann muss von der Gerechtigkeit Gottes die Rede sein; denn der Mensch kann nicht gerecht sein. Gerechtigkeit ist also ein Attribut, das für den Menschen überhaupt nicht in Anschlag zu bringen ist, jedenfalls dann nicht, wenn damit eine Eigenschaft des Menschen bezeichnet werden soll. Die Gerechtigkeit des Menschen ist also – so nennt Luther das hier – eine passive. Der Mensch ist nicht aktiv gerecht, sondern passiv. Was soll das heißen? Luther findet dafür die Vokabel: gerecht machen. Der Mensch ist nicht gerecht (aktiv), sondern er wird gerecht gemacht (passiv). Lateinisch: Es geht nicht um das iustus, sondern um die iustificatio. Der Gerechte kann dann aus Glauben leben, so seine neue Einsicht, wenn nicht er gerecht ist (was er aufgrund der Sünde nicht sein kann), sondern wenn ihm die Gerechtigkeit Gottes geschenkt wird.

Das ist der so simple und doch so komplizierte Kern der reformatorischen Erkenntnis. Nun sind daran aber mindestens vier Vokabeln näher erklärungsbedürftig: Sünde, Gnade, Justifikation und Glaube. Allein die Tatsache, dass sie erklärungsbedürftig sind, macht uns noch einmal klar, wie es unmöglich bei Luther sozusagen von jetzt auf gleich „durchgebrochen" sein kann. Gerade, was die Füllung und Erklärung dieser Begriffe betrifft, hat sich bei ihm langsam und nach und nach etwas entwickelt. Luthers reformatorische Erkenntnis ist ein Prozess. Und eben diesen Elementen des Prozesses wollen wir jetzt systematisch nachdenken.

Das Gegenüber: Das mittelalterlich-scholastische Verständnis von Sünde und Gnade

Luther war, wie bereits gesehen werden konnte, mit verschiedenen mittelalterlichen Traditionen und religiösen Vorstellungen groß geworden. Und er war an diesen Traditionen und Vorstellungen verzweifelt. Doch um das Revolutionäre und Provozierende seiner reformatorischen Entdeckung zu verstehen, ist es nötig, diese Traditionen und Vorstellungen wenigstens grob zu skizzieren.

Die scholastische Theologie, so unterschiedlich sie in einzelnen ihrer Vertreter auch begegnen mag, ging davon aus, dass die Erlösung des in Sünde gefallenen Menschen nicht ohne dessen Mithilfe geschehen könne. Gott hat den Menschen gut geschaffen und mit Begabungen ausgestattet, die Berücksichtigung finden müssen. Das Hervorragendste am Menschen, das, was ihn von allen anderen Geschöpfen unterscheidet, ist die Vernunft. Wenn der Mensch sich also am Diktat der Vernunft ausrichtet, kann er Gott erkennen und ihn lieben und wird der Gnade in ihrer Fülle teilhaftig. Die Sünde des Menschen besteht nach scholastischer Auffassung aus zwei Teilen: einem formalen Element, nämlich dem Verlust der ursprünglichen Gerechtigkeit, und einem materialen Element, das ist die Begierde. Für das, was man Erbsünde (peccatum originale) nennt, ist wesentlich das formale Element verantwortlich, während die Begierde für die Aktualsünde zuständig ist. Durch die Sünde gerät der Mensch also aus seiner ursprünglich untadeligen Beschaffenheit (status integritatis) in den Stand der Sünde und der Verderbtheit (status peccati, status corruptionis). Die Taufe als Akt der zuvorkommenden Gnade Gottes (gratia praeveniens) ist es, die den Menschen aus dieser Sündenverfallenheit befreit. Sie löst ihn von der Anklage der Sünde, sodass deren formales Element beseitigt ist und das, was noch bleibt, nicht mehr Sünde im eigentlichen Sinne ist; es bleibt eine Neigung (inclinatio) zum Sündigen, die daraus entstehenden Aktualsünden können jedoch durch Buße (poenitentia) wiedergutgemacht werden. Durch die Taufe wird dem Menschen Gnade eingegossen (infusio gratiae), sodass dieser sich nun in seinen dadurch freigelegten natürlichen Kräften (insbesondere den Tugenden Glaube, Liebe und Hoffnung) üben kann; durch die Teilnahme an den Sakramenten und durch das Tun guter Werke wächst so seine ursprüngliche Gerechtigkeit nach und nach an. Der Mensch ist in sich gerecht, die Gerechtigkeit ist ein Habitus des Menschen geworden (iustitia habitualis) – je mehr er dafür tut, um so gerechter wird er.

Auf diesem Weg begleitet ihn stets die wirkende und mitwirkende Gnade Gottes (gratia operans und cooperans). Und sie ist es auch, die im Gericht das Maß der Gerechtigkeit ermittelt und die Seele nach dem individuellen Tod aus dem Stand der Gnade (status gratiae) in den Himmel und damit den Stand der Seligkeit (status beatitudinis) oder in die Hölle und damit in den Stand der Verdammnis (status damnationis) oder ins Fegefeuer (purgatorium) schickt, wo sie noch einmal eine Chance zur Läuterung erhält. Die vollendende Gnade (gratia perficiens) entscheidet schließlich im Weltgericht über ewiges Heil oder ewiges Unheil.

In diesem – verkürzten und schematisierten, aber in den Kernpunkten überall zutreffenden – Gnadenmodell der Scholastik wird deutlich, wie sich alles auf das Zusammen von göttlicher Gnade und menschlicher Gerechtigkeit konzentriert. Diese Vorstellung bringt an entscheidender Stelle die aktive Gerechtigkeit des Menschen ins Spiel. Vor dieser Negativ-Folie war Luther nunmehr herausgefordert, die vorhin bereits als erklärungsbedürftig ausgewiesenen Begriffe Sünde, Gnade, Justifikation und Glaube neu zu füllen, damit die in dem scholastischen Modell implizierten „Missverständnisse" bzw. Verzeichnungen vermieden wurden. Es galt, die reformatorische Entdeckung, dass der Gerechte aus dem Glauben lebt und daher Gerechtigkeit im Blick auf den Menschen nur passiv gebraucht werden darf, nun zu füllen und zu erläutern.

Sünde

In unserer heutigen Gesellschaft reden wir nicht mehr gern von Sünde, jedenfalls nicht mehr in der ganzen Radikalität. „Sünde" hat einen moralinsauren Touch, und in einer Zeit, wo entweder alles und also auch „Gut" und „Böse" dem privaten Urteil anheimfallen oder ansonsten von juristischen Einrichtungen geklärt werden, ist die „Sünde" aus der Mode gekommen. Auf der anderen Seite leben wir in einer Zeit, in der ein Besuch beim Psychoanalytiker so selbstverständlich geworden ist wie der Besuch beim Zahnarzt und also Brüche in der menschlichen Existenz nicht mehr tabuisiert werden. Wenn man sich auf Luthers Sündenbegriff einlässt, dann wird man schnell feststellen, dass mit dessen Hilfe diese merkwürdige Diskrepanz überwunden ist. Mit Luther kann man lernen, mit

„Sünde" nicht allein ein aktuelles Vergehen zu bezeichnen, sondern buchstäblich die Wurzel allen Übels. Der Bruch der menschlichen Existenz, sein „Grund-Riss", wird dann als solcher erkannt, den der Mensch nicht aus sich selbst heraus heilen kann, sondern für dessen Heilung er auf das Leben spendende Wort Gottes angewiesen ist. Was meint das?

Vergegenwärtigt man sich das mittelalterliche Gnadenmodell, dann wird deutlich, wie der Mensch durch die Taufgnade dazu befreit wird, Gott zu lieben und seinem Gebot zu gehorchen. Dieser Auffassung stellt nun Luther in der Disputation gegen die scholastische Theologie (1517) einen steilen Satz gegenüber: „Der Mensch kann von Natur aus nicht wollen, dass Gott Gott ist; er möchte vielmehr, dass er Gott und Gott nicht Gott ist." (1, 225/1f.) Das ist scharf und spitz formuliert – und bringt das gesamte Gnadenmodell des Mittelalters mit einem Schlag ins Wanken. Mehr noch: Es zieht ihm das Fundament unter den Füßen weg. Der natürliche Mensch kann nicht wollen, dass Gott Gott ist. Es gibt also im Menschen keine Anlage zur Gottesliebe und zum Gottesgehorsam. Im Gegenteil: Der natürliche Mensch will emanzipiert und frei sein und selbst allmächtig. Er will unabhängig sein. Und er lehnt sich auf gegen diesen Gott, diesen Über-Vater.

Von Natur aus kann der Mensch keinen Gott lieben, der alle wichtigen Dinge für den Menschen regelt. Der Mensch will frei sein, ist stolz auf etwas, was nicht er, sondern ein anderer für ihn bereitet hat. Und je schöner und bedeutender das Bereitete ist, desto mehr wünscht er, er hätte es selbst bereitet, und er wird keinen noch so subtilen Weg scheuen, sich selbst dabei ins Rampenlicht zu stellen und den lieben Gott einen guten Mann sein zu lassen. Die Geschichte der Kirche und die Geschichte der Theologie sind ein einziges Beispiel für eben solche subtilen Wege. Die Scholastik hat diesen Weg vielleicht am subtilsten gezeichnet und in eine Form gebracht, die raffiniert von der Gnade Gottes spricht und die Leistung des Menschen meint. Die Mystik hat ebenfalls versucht, im Menschen eine Art sündenfreie Zone zu bereiten, wo eine reine und unverfälschte Liebe zu Gott anzunehmen ist, und es war zu sehen, dass Luther sich just an dieser Stelle von den mystischen Vorstellungen verabschiedet hat.

Zu Luthers fundamentalen Entdeckungen gehört die der radikalen und unbedingten Sündhaftigkeit des Menschen. Der Mensch ist nicht gut. Auch nicht ein bisschen. Der Mensch ist Gott ungehorsam, er will sich seinem Einfluss entwinden. Sein Weg ist nicht – wie Mystik und Scholastik behauptet haben – der auf Gott zu. Der Weg des Menschen ist immer – und zwar ob er will oder nicht, ob es ihm bewusst ist oder nicht – ein Weg von Gott weg. Immer und stets geht er in die falsche Richtung. Sünde ist nach Luther nicht eine moralische Verfehlung. Das ist sie auch. Aber erst als

Konsequenz. Vielmehr beschreibt Sünde eine so fundamentale Dimension des Menschen, eine so unbedingte conditio humana, dass man über den Menschen nicht sprechen kann, ohne nicht auch zugleich über die Sünde zu reden. Betrachtet man die Sündenfallgeschichte der Bibel genau, dann wird man feststellen, dass der zweifellos sündhafte Akt des Essens von der verbotenen Frucht aus einer Haltung resultiert, die sündhaft ist. Und diese Haltung ist: Ich glaube und vertraue nicht, dass Gott mir mit dem Verbot, von der Frucht zu essen, etwas Gutes wollte. Sünde ist also Nicht-Vertrauen. Sünde ist Zweifel. Sünde ist Unglaube. Gott ist derjenige, der sich selbst definiert als der, der er ist, als der, der er sein wird (Ex 3, 14). Und eben deshalb ist ihm unbedingtes Vertrauen entgegenzubringen. Die unselige Geschichte mit der Frucht im Paradies ist ein Zeugnis davon, dass das erste Menschenpaar mit diesem Vertrauen nicht ernst gemacht hat. Es hat der verführerischen Schlange und sich selbst mehr vertraut als Gott. Aus diesem Vertrauensbruch resultiert die sündige, die schuldhafte Tat. Sünde ist daher der Selbstrauswurf des Menschen aus der Geborgenheit der Gottesliebe in die totale Beziehungslosigkeit, in den Tod. Was eine ganz wichtige Aussage über den Tod ist: Tod ist nicht allein der physische Tod, das Sterben und Verwesen des Leibes; Tod ist Gottesferne und daher durchaus und vor allem ein Phänomen des Lebens und des lebendigen Menschen. Luther pointiert bereits in der Römerbriefvorlesung 1515/16: „[Die Schrift beschreibt] den Menschen als so sehr auf sich selbst hin verkrümmt, dass er nicht nur die leiblichen, sondern auch die geistlichen Güter auf sich hinbiegt und in allem sich selber sucht." (56, 356/5f.) Der auf sich selbst verkrümmte Mensch kann – das ist schon eine aus der Anatomie geborene Notwendigkeit – nur buckelnd sich selbst im Blick haben. Jede andere Beziehung, jede aufrechte Beziehung täte seinem Rücken weh. Der sündige, auf sich verkrümmte Mensch ist buchstäblich unaufrichtig. Seine Selbstliebe wird immer größer sein als die Liebe zu Gott. Sünde ist keine böse, verkehrte Tat, sondern ein böser, verkehrter Affekt. Daher geschieht Sünde nicht mit dem Mund oder den Händen, sondern im Herzen – dem Ort, in dem nach traditioneller Lehre die Affekte beheimatet sind. Wir haben am mittelalterlichen Gnadenmodell sehen können, dass die Aufgabe der Vernunft darin bestand, die Affekte in die richtige Richtung zu lenken. Nach Luther geht genau dies nicht; vielmehr wird immer nur ein stärkerer Affekt einen schwächeren lenken. Im Herzen ist der Mensch blind gegen Gott. Und so sind seine Affekte (und die daraus erwachsenden Taten und Reden) immer böse und verkehrt. Insofern gibt es auch rechtschaffenes Leben und Leben ohne Schuld vielleicht nach menschlichem Maßstab, nicht aber nach göttlichem.

Das ist ausgesprochen radikal und wird nicht jedem schmecken. Auf der anderen Seite: So radikal nach dem Zeugnis der Schrift von der Sünde des Menschen gesprochen werden muss – so radikal muss nun auch von der Gnade Gottes gesprochen werden.

Gnade

So unmodern wie der Begriff Sünde ist scheinbar auch derjenige der Gnade. Just dort, wo der Begriff hingehört, im theologischen Kontext, fristet er eher ein Schattendasein. Wenn man von Gottes Handeln am Menschen spricht, dann bedient man sich eher des Wortes „Barmherzigkeit", „Erbarmen" oder natürlich am allerliebsten des Wortes „Liebe". Das klingt irgendwie netter, weicher, milder. Und vor allem wird damit der Gerichtskontext verniedlicht: Gott ist nicht der, der als Richter dem Menschen gegenübersteht, der alle Fakten sorgfältig abwägt und dann Gnade vor Recht ergehen lässt; Gott ist vielmehr der, der den Sünder liebevoll stützt und ihn – wie der Vater den verlorenen Sohn – glücklich und ohne ein Wort über die Vergangenheit zu verlieren in die Arme schließt.

Doch für Luther ist der Begriff der Gnade unaufgebbar. Der Hauptgrund dafür liegt wohl darin, dass es Luther gerade auf der Basis seiner Neuentdeckung darum ging, die harte Gerichtssituation um so deutlicher vor Augen zu stellen, in der dann ganz anders als erwartet geurteilt wird. Das ändert aber nichts daran, dass der Mensch wirklich angeklagt, Gott wirklich Richter und es kein Spaß um die Lage des Menschen ist. Gott wird kein „Kuschelgott". Gott urteilt – aber er urteilt nicht so, wie wir es verdient hätten. Wir sind zu Recht angeklagt – aber wir dürfen hoffen, dennoch Begnadigung zu erfahren. Es ist kein Jux um das Gericht – aber am Ende steht die himmlische Freude. Gnade ist kein mildtätiger Akt in diesem oberflächlichen Sinn. Vor allem darf nicht vergessen werden, dass die Rettung des Menschen teuer erkauft worden ist mit dem Blut Jesu Christi. Wir haben es mit allem anderen als einer billigen Gnade zu tun!

So radikal also die Sünde ist, so radikal die Gnade Gottes. Nur wer die Radikalität der Sünde des Menschen begreift, hat auch nur eine schwache Ahnung davon, wie radikal die Gnade Gottes ist. Nur wer begriffen hat, dass aufgrund der radikalen Sündhaftigkeit des Menschen dieser nicht die leiseste Chance hat, aus eigenen Kräften Gott zu versöhnen, wird auch begreifen, ein wie gewaltiges Werk das Werk Gottes am Menschen ist. Die mittelalterliche Theologie wollte das Unmögliche möglich machen: Gott sollte alles am Heilswerk zugeschrieben werden – 100% Gott. Da aber Gott den Menschen mit bestimmten Fähigkeiten ausgestattet hat, kann er sein Heilswerk nicht an diesen Fähigkeiten des Menschen vorbei vollbringen. Mindestens Vernunft und freier Wille und die aus ihnen geborenen Werke sind in Anschlag zu bringen. So ist das Heilswerk hundertprozentig auf Gottes Gnade zurückzuführen, aber der Mensch ist in diesem Heilswerk nicht nichts. Hier ist Luther ausschließend: Wenn Gottes Gnade allein gilt, dann gilt sie auch allein. Wenn Christi Tod am Kreuz überhaupt irgendeinen Sinn machen soll, dann ist die Erlösung allein Gottes Werk und der Mensch hat auch nicht den geringsten Anteil daran. Das führt uns unmittelbar zum nächsten Punkt:

Rechtfertigung des Gottlosen

„[Wir glauben,] dass Jesus Christus, unser Herr und Gott ‚um unserer Sünde willen gestorben und um unserer Gerechtigkeit willen auferstanden' ist (Röm 4) und dass er allein ‚das Lamm Gottes ist, das die Sünde der Welt trägt' (Joh 1) […]. Weil nun solches geglaubt werden muss und sonst mit keinem Werk, Gesetz noch Verdienst erlangt oder von uns erfasst werden mag, so ist es klar und gewiss, dass allein solcher Glaube uns gerecht macht, wie der heilige Paulus in Röm 3 spricht: ‚Wir halten dafür, dass der Mensch gerecht werde, ohne Werke des Gesetzes durch den Glauben', ebenso: ‚auf dass er allein gerecht sei und gerecht mache den, der da des Glaubens an Jesus ist.' (Röm 3) Von diesem Artikel kann man nichts weichen oder darin nachgeben, es mögen Himmel und Erde oder was nicht bleiben will, fallen. Denn ‚es ist kein anderer Name, wodurch wir selig werden könnten', spricht der heilige Petrus in Apg 4. […] Und auf diesem Artikel steht alles, was wir gegen den Papst, den Teufel und die Welt lehren und leben. Darum müssen wir dessen gar gewiss sein und nicht zweifeln. Sonst ist alles verloren und behalten Papst und Teufel und alles gegen uns den Sieg und das Recht." (BSLK 415/7–416/6) In den Schmalkaldischen Artikeln von 1536 macht Luther unmissverständlich reinen Tisch. Es gibt vier Punkte in der theologischen Lehre, in denen es mit Rom, mit der Papstkirche auf ewig zu keiner Übereinstimmung kommen wird: die Lehre vom Abendmahl, die Lehre vom päpstlichen Primat und die Lehre von den Mönchsgelübden – und an erster Stelle: in der Lehre von der Rechtfertigung. Kein strittiges Thema der Theologie, so seine zugespitzte Aussage, kann in eine Übereinstimmung gebracht werden, bevor nicht eine Übereinstimmung in der Rechtfertigungslehre erzielt worden ist.

Im Kontext der Beschäftigung mit Luthers Selbstzeugnis haben wir schon herausgefunden, dass dem Terminus Rechtfertigung ein passives Element eignet. Es geht nicht um die habituale Gerechtigkeit des Menschen, um die Gerechtigkeit als menschliche Eigenschaft. Luther pointiert im Scholion zum Römerbrief 1515/16: „Denn Gott will uns nicht durch unsere eigene, sondern durch eine außerhalb unserer selbst liegende Gerechtigkeit und Weisheit erlösen, die nicht aus uns kommt und aus uns geboren wird, sondern die von woanders her in uns kommt, die nicht auf unserer Erde entsteht, sondern die vom Himmel kommt. Also muss eine gänzlich außerhalb unserer selbst und fremde Gerechtigkeit gelehrt werden. Daher ist es zuerst nötig, die eigene und innere Gerechtigkeit herauszutreiben. [...] Denn auch wenn einer aus natürlichen oder geistlichen Gaben vor den Menschen als Weiser, Gerechter und Guter gilt, so wird er doch vor Gott nicht für einen solchen gehalten, besonders wenn er sich selbst für einen solchen hält. Darum muss er sich in all diesen Dingen in Demut [humilitas] halten, so als ob er bis dahin nichts habe, und die nackte Barmherzigkeit Gottes erwarten, der ihn als gerecht und weise ansieht. Das tut Gott dann, wenn man selbst demütig gewesen und nicht Gott zuvor gekommen ist, indem man sich selbst rechtfertigt und so ansieht, als sei man etwas." (56, 158/10–159/16) Entscheidend ist mithin, dass die in der Taufe zugesprochene Gerechtigkeit Christi eine fremde Gerechtigkeit bleibt. Sie wird nicht eine Eigenschaft des Menschen, sondern es gilt, sie sich durch das gepredigte Wort und das Sakrament stets neu zu vergegenwärtigen. Die Gerechtigkeit bleibt die fremde Gerechtigkeit außerhalb unserer selbst (iustitia aliena extra nos). Diese Betonung auf dem Zuspruch nennt die Dogmatik imputative oder forensische Rechtfertigung im Gegensatz zur effektiven Rechtfertigung, die aus dem Menschen einen anderen macht. Dieses Element tritt bei Luther eindeutig zurück. Natürlich wird aus dem Menschen ein anderer – aber nicht aus dessen eigener Kraft und Wollen. Das Anders-Werden geschieht an ihm, in seiner Erfahrung wird sein Gewissen getröstet, und eben dies befreit ihn zu einem neuen Leben.

Und nun tritt ein weiteres wesentliches Element hinzu. Dieses Anders-Werden heißt: Er wird zu etwas anderem gemacht; er bleibt indes derselbe, der er war. Diese Dialektik ist auszuhalten, nicht zu lösen. Der Mensch ist, wie Luther diese Dialektik wunderbar auf den Punkt bringt, gerechtfertigt und Sünder zugleich (simul iustus et peccator). In derselben Vorlesung über den Römerbrief sagt Luther im Blick auf Röm 4,7: „Die Heiligen sind von innen [her betrachtet] immer Sünder, deshalb werden sie immer von außen her gerechtfertigt. Die Heuchler aber sind von innen [her betrachtet] immer gerecht, daher sind sie von außen [her betrachtet] immer Sünder. ‚Von innen' sage ich, d.h. so wie wir in uns, in unseren Augen, unserer eigenen Einschätzung sind, ‚von außen her' dagegen, wie wir bei Gott und in seinem Urteil dastehen. Von außen her sind wir also dann gerecht, wenn wir weder aus uns noch aus Werken, sondern aus dem göttlichen Urteil allein [ex sola Dei reputatione] gerecht sind. Sein Urteil nämlich liegt nicht an uns und an unserer Macht. Folglich liegt auch unsere Gerechtigkeit nicht an uns und unserer Macht." (56, 268/27–269/4) In der Eigenperspektive ist und bleibt der Mensch Sünder; in der göttlichen Perspektive ist er gerecht gesprochen, für gerecht erachtet. Sehr schön verdeutlicht Luther selbst, was das heißt, am Beispiel des Kranken: „Es ist nämlich ähnlich wie mit einem Kranken, der dem Arzt, der ihm aufs gewisseste die Gesundheit verspricht, glaubt und seiner Vorschrift gehorcht in der Hoffnung auf die versprochene Genesung und sich inzwischen dessen enthält, was ihm verboten ist, um nicht die zugesagte Gesundheit zu gefährden und die Krankheit zu steigern, bis der Arzt erfüllt, was er zugesagt hat. Ist dieser Kranke nun etwa gesund? Er ist vielmehr zugleich krank und gesund. Krank in Wirklichkeit, gesund aber nach der gewissen Zusage des Arztes, dem er glaubt; der ihn schon für gesund beurteilt, weil er dessen gewiss ist, dass er ihn heilen wird, weil er schon begonnen hat, ihn zu heilen, und ihm die Krankheit nicht zum Tode angerechnet hat. In gleicher Weise hat auch unser Samariter Christus den halbtoten, kranken Menschen zur Pflege in seine Herberge aufgenommen und begonnen, ihn zu heilen, nachdem er ihm völlige Gesundheit zum ewigen Leben zugesagt hat; und er rechnet ihm die Sünde, d.h. die Begierden nicht zum Tode an [...] Ist [der Sünder] nun also vollkommen gerecht? Nein, sondern er ist zugleich ein Sünder und ein Gerechter; Sünder in Wirklichkeit, aber gerecht kraft des Urteils und der gewissen Zusage Gottes [ex reputatione et promissione Dei certa], dass er ihn von [der Sünde] erlösen wolle, bis er ihn völlig heilt. Und dadurch ist er vollkommen heil in Hoffnung [in spe], in Wirklichkeit [in re] aber ein Sünder". (56, 272/3–20) Das ist ein wunderbar sprechendes, anschauliches und treffendes Beispiel für das Zugleich zweier völlig konträrer Erfahrungen. Der Kranke ist auf der Basis der Zusage des Arztes gesund, auf der Basis seiner eigenen Erfahrungen aber immer noch krank. Auch der Arzt ist nicht so naiv, den Kranken sofort wieder gesundzuschreiben und mit Fieber und Husten zur Arbeit zu schicken. Aber er verspricht ihm etwas, was dem Kranken Mut macht und seinen Genesungsprozess beschleunigen dürfte. Der Kranke ist also immer noch krank – und doch zugleich gesund. Er ist gesund – und doch immer noch krank. So ist der Glaubende durch die Zusage Gottes in eine völlig neue Dimension geschleudert. Gott spricht ihm die Gerechtigkeit seines Sohnes zu. Doch der Mensch ist dadurch nicht gerecht in sich selbst. Es bleibt bei diesem Zuspruch. Und dieses Zuspruchs gilt es sich stets neu zu vergewissern. Denn so fundamental wie die Erfahrung des Gnadenzuspruchs, so fundamental ist auch weiterhin die Erfahrung der Sünde. Freilich: Die Erfahrung der befreienden Gnade ist so trostreich, dass sie die schreckliche Erfahrung der Sünde – und dazu gehören auch Erfahrungen von Leid, Trauer, Einsamkeit, Krankheit, Tod usw. – immer wieder in einen neuen Horizont setzen kann. Das ist nun etwas ganz Entscheidendes: Die negativen Erfahrungen werden nicht einfach für nichtig erklärt, so als gäbe es sie nicht, oder verharmlost, so als gäbe es sie nicht wirklich. Sie werden in einen Raum gestellt, der größer ist als sie, in dem auch sie aufgehoben sind. Und wieder etwas ganz Entscheidendes: in dem sie zugelassen und erlaubt, ja vielleicht sogar nötig sind. Glaube hebt z.B. den Tod nicht auf – aber er gibt ihm eine neue Dimension. Glaube trägt nicht über den Tod hinweg, er trägt durch den Tod hindurch; er befreit nicht von Trauer, er lässt in der Trauer weiterleben, ja lässt Trauer überhaupt erst zu. Auf den Punkt gebracht: Anfechtung ist im Raum des Glaubens nichts, was zu verdrängen wäre oder einen Rückfall in „vortauliche" Zeit, einen Herausfall aus der Gnade bedeutete. Anfechtung ist vielmehr so etwas wie die andere Seite der Medaille „Glaube", gehört untrennbar dazu. Rechtfertigung hebt mithin die Sünde nicht auf, durchbricht aber deren todbringende, in die Trostlosigkeit stürzende Macht. Aus der Sünde, die als herrschende (peccatum regnans) nicht zuließ, dass der Mensch wollen kann, Gott sei Gott, ist eine beherrschte Sünde (peccatum regnatum) geworden, die unter dem Vorzeichen der zugesagten Gerechtigkeit immer noch da, aber (in spe) besiegt ist.

Das birgt noch etwas anderes Wichtiges in sich. Die mittelalterliche Theologie hat den schrittweisen Fortschritt des Menschen zur Bedingung des Empfangs der seligmachenden Gnade herausgestellt. Daran ist zweierlei bemerkenswert, was für uns zentrale Bedeutung erhält. Das eine: Der Mensch wird gewissermaßen geteilt. Ein Teil von ihm – und zwar je nach scholastischer Ausrichtung die Vernunft oder der Wille – ist nach der Taufe in den Zustand zurückversetzt, den Menschen immer wieder auf den rechten Weg zu lenken. Der andere Teil ist geneigt zum Sündigen. Daraus resultiert alles, was wir an asketischen und moralischen Übungen kennen: Der niedere Teil des Menschen, in der Regel der Leib und alles, was mit den Trieben des Leibes zu tun hat, muss bekämpft, abgetötet werden. Der Schritt zur Leibfeindlichkeit ist nur noch ein ganz minimaler. Dem Verständnis Luthers nach beschreiben Sünde und Rechtfertigung jeweils den ganzen Menschen. Vom ganzen Menschen (totus homo) gilt, dass er Sünder ist (totus peccator); ebenso gilt vom ganzen Menschen, dass er gerechtfertigt ist (totus iustificatus).

Dieser Totalitätsaspekt führt zum zweiten Bemerkenswerten. Nach scholastischem Verständnis ist der Empfang der Gnade an Bedingungen geknüpft. Der Mensch muss, gewissermaßen als Antwort auf die geschenkte Taufgnade, im guten Werk unter Beweis stellen, dass er dieser Gnade würdig ist. Zur Anrechnung im Gericht kommt nicht die Taufgnade, sondern das, was der Mensch daraus gemacht hat. Bei Luther ist das gesamte Rechtfertigungsgeschehen „gratis", es gibt keinen Moment, wo der Mensch irgendeine verdienstliche Leistung vorweisen könnte, eine Leistung also, die ihm angerechnet würde. Damit vollends klar ist, was gemeint ist: Im Neuen Testament wird an zwei Stellen Abraham als leuchtendes Beispiel genannt, nämlich bei Paulus im Römerbrief und im Jakobusbrief. Bei Paulus heißt es: „Denn was sagt die Schrift? ‚Abraham hat Gott geglaubt, und das ist ihm zur Gerechtigkeit gerechnet worden.‘ Dem aber, der mit Werken umgeht, wird der Lohn nicht aus Gnade zugerechnet, sondern aus Pflicht. Dem aber, der nicht mit Werken umgeht, glaubt aber an den, der die Gottlosen gerecht macht, dem wird sein Glaube gerechnet zur Gerechtigkeit." (Röm 4, 3–5) Bei Jakobus wird Abraham folgendermaßen eingeführt: „Ist nicht Abraham, unser Vater, durch Werke gerecht geworden, als er seinen Sohn Isaak auf dem Altar opferte? Da siehst du, dass der Glaube zusammengewirkt hat in seinen Werken, und durch die Werke ist der Glaube vollkommen geworden. [...] So seht ihr nun, dass der Mensch durch Werke gerecht wird, nicht durch Glauben allein." (Jak 2, 21–24) Wird bei Paulus also ein synthetisches Urteil über Abraham gesprochen, so bei Jakobus ein analytisches. Im Falle des synthetischen Urteils bewirkt der Urteilsspruch das Faktum: „Du bist gerecht" macht dich gerecht. Im Falle des analytischen Urteils wird ein Faktum festgestellt: „Du bist gerecht" stellt deine vorhandene Gerechtigkeit fest. Luther orientiert sich an Paulus: Der Mensch, der nichts vorzuweisen hat, wird dennoch von Gott aufgrund der Gerechtigkeit Christi für gerecht erklärt; die fremde Gerechtigkeit wird dem Menschen zugesprochen, dadurch ist er faktisch gerecht, ohne dass diese Gerechtigkeit seine Eigenschaft wäre. Das scholastische Modell stellt am Ende aller Tage die Gerechtigkeit eines jeden einzelnen Menschen fest und fällt auf dieser Basis die Entscheidung über ewiges Heil und ewiges Unheil. Luther in Nachfolge der paulinischen Aussage spricht dezidiert von der Rechtfertigung des Gottlosen: Gerade derjenige, der nicht wollen kann, dass Gott Gott ist, wird von Gott gerecht gesprochen.

Diese Erfahrung der Rechtfertigung des Gottlosen ist so fundamental, dass Luther mit Hilfe dieser Formel den Menschen definieren kann. In der Disputatio de homine, der Disputation über den Menschen aus dem Jahre 1536 schmettert Luther zunächst die philosophische Definition des Menschen ab, der Mensch sei ein vernunftbegabtes, fühlendes Lebewesen. Freilich gelte diese Bestimmung – doch nur in diesem Leben. Der ganze Mensch jedoch sei definiert in dem Satz: Der Mensch ist der durch den Glauben zu rechtfertigende (homo iustificandus per fidem), also strukturell auf die Rechtfertigung durch Glauben angewiesen. Erst darin zeige sich der gesamte Mensch. Was diese Aussagen im Kontext der Rechtfertigung des Gottlosen für die Anthropologie bedeuten und hier die Theologie alles, wirklich alles weit hinter sich lässt, was Philosophie, Psychologie, Soziologie usw. über den Menschen aussagen können, ist immens. Dem Menschen, vor allem, aber nicht ausschließlich dem leidenden und verzweifelten, dem fragenden, dem angefochtenen Menschen wird hier ein Ausweg gezeigt, der seinesgleichen sucht. Diese Definition des Menschen als homo iustificandus, als Lebewesen, das unvermeidlich in einer Relation steht – oder es ist kein Mensch! –, eröffnet dem Menschen Räume und Zeiten, die ihm nichts anderes bieten kann. Diese Definition konstituiert Freiheit. Freiheit aus Glauben. Doch was ist eigentlich „Glaube"?

Verheißung und Glaube

Es gehört mit zu dem Schwierigsten der Theologie, genau zu eruieren, was es um den Glauben ist. Wenn mit Luther gesagt wird, der Glaube an Christus rechtfertigt, dann liegt es nahe, den Glauben nunmehr selbst zu einem Werk zu stilisieren, zum Super-Werk schlechthin, das alle anderen menschlichen Werke zwar in den Schatten stellt und weit hinter sich lässt, aber nichtsdestoweniger immer noch ein Werk ist und bleibt. In dem Augenblick, wo ich sage: „Ich glaube", bringe ich mich aktiv in den Rechtfertigungsprozess ein. Will ich das vermeiden, nachdem ich gerade gelernt habe, dass es menschlicherseits keine irgendwie geartete Vorbedingung für das göttliche Gnadenwerk an mir gibt, dann scheint die Alternative zu sein, formulieren zu müssen: „Es glaubt in mir". Das gefällt uns nun aber verständlicherweise gar nicht, denn damit würde der Mensch möglicherweise zu einer Marionette der göttlichen Willkür. Es geht um die Frage, was den Glauben zu einem rechtfertigenden Glauben macht. Die Antwort der Scholastik darauf war: Der rechtfertigende Glaube (fides iustificans) ist der durch die Liebe geformte Glaube (fides caritate formata). Glaube ist erst dann Glaube im Vollsinne des Wortes, wenn er durch die Liebe, durch das gute Werk wirksam wird. Wie antwortet nun Luther auf die Frage nach dem Glauben?

„Glaube ist nicht der menschliche Wahn und Traum, den etliche für Glauben halten; und wenn sie sehen, dass weder Besserung des Lebens noch gute Werke folgen und sie doch vom Glauben viel hören und reden können, verfallen sie in Irrtum und sprechen, der Glaube sei nicht genug, man müsse Werke tun, soll man fromm und selig werden. Das hat zur Folge, dass sie, wenn sie das Evangelium hören, vorschnell handeln und sich aus eigenen Kräften einen Gedanken im Herzen machen, der spricht: ‚Ich glaube'. Das halten sie dann für einen rechten Glauben. Aber wie es ein menschliches Gedicht und Gedanke ist, den der Grund des Herzens niemals erfährt, also tut er auch nichts und folgt keine Besserung. Glaube aber ist ein göttliches Werk in uns, das uns wandelt und neu gebiert aus Gott. […] Und es tötet den alten Adam, macht uns zu einem ganz anderen Menschen an Herz, Mut, Sinn und allen Kräften und bringt den Heiligen Geist mit sich. Oh, es ist ein lebendiges, wirkendes, tätiges, mächtiges Ding um den Glauben, sodass es unmöglich ist, dass er nicht ohne Unterlass Gutes wirken sollte. Er fragt auch nicht, ob gute Werke zu tun sind. Sondern ehe man fragt, hat er sie getan, und ist immer im Tun. Wer aber nicht solche Werke tut, der ist ein Mensch ohne Glauben, tappt und sieht um sich nach dem Glauben und guten Werken und weiß weder, was Glaube, noch, was gute Werke sind, und redet und schwätzt doch viele Worte vom Glauben und guten Werken. Glaube ist eine lebendige, unerschütterliche Zuversicht auf Gottes Gnade, so gewiss, dass er tausendmal darüber stürbe. Und solche Zuversicht und Erkenntnis der göttlichen Gnade macht fröhlich und trotzig und Lust gegen Gott und alle Kreaturen, was der Heilige Geist tut im Glauben. Daher wird der Mensch ohne Zwang willig und hat Lust, jedermann Gutes zu tun, jedermann zu dienen, allerlei zu leiden – Gott zur Liebe und zum Lob, der ihm solche Gnade erzeigt hat." (DB 7, 9/30– 11/21).

Luther wirft in diesem Textabschnitt vielen Christen nichts Geringeres vor, als dass das, was sie für Glauben halten, in Wahrheit falscher Glaube, Unglaube ist. Die scholastische Ergänzung, ja Überformung des Glaubens durch das gute Liebeswerk hält Luther für baren Unsinn, der in den Menschen nichts Gutes wirkt, sondern sie auf Irrwege führt, die tödlich enden. Stattdessen treibt nun Luther seinerseits die Sache auf die Spitze, indem er den Glauben als das göttliche Werk in uns definiert. Auch der Glaube ist mithin kein Werk des Menschen, auf das dieser mit stolzgeschwellter Brust verweisen könnte. Glaube wird von Luther vielmehr definiert als lebendige, unerschütterliche Zuversicht. Das ist eine ganz wunderbare Aussage, denn diese Zuversicht ist nun gewissermaßen und durchaus mein Beitrag.

Eben nicht „Es glaubt in mir", sondern ohne jede Einschränkung „Ich glaube". Indem ich aber dieses „Ich glaube" aussage, weise ich gleichzeitig von mir weg auf Gott, der diesen Glauben schenkt, auf Christus, der ihn mit Inhalt füllt, und auf den Heiligen Geist, der ihn in mir wirkt. „Ich glaube" wird also just in seinem aktivsten Moment um der Sache willen notwendig passiv. Das Subjekt des Glaubens nimmt sich gerade im Moment seiner allergrößten Subjektivität heraus und weist auf das Objekt des Glaubens. Wieder haben wir ein großes und untrennbares Zugleich vor Augen, das eine ungeheure Spannung, eine Dialektik eröffnet, in welcher der Mensch aber gerade nicht zerrissen wird, sondern allererst zu seiner Ganzheit und Ungebrochenheit zurückfinden darf.

Glaube als feste und unerschütterliche Zuversicht ist jedoch auf etwas angewiesen, nämlich auf etwas, das geglaubt werden kann. Hier kommt nun der Begriff zentral ins Spiel, der wiederum in eine dialektische Spannung mit dem Glaubensbegriff gerät: die promissio, die Verheißung, vielleicht besser – um den gegenwärtigen Aspekt stärker zu betonen und nicht hinter dem eschatologischen zurücktreten zu lassen – die Zusage. „Jedermann sieht leicht ein, dass dieses beides zugleich nötig ist: die Zusage und der Glaube. Denn ohne Zusage kann nichts geglaubt werden; ohne Glauben aber ist die Zusage nutzlos, weil sie durch den Glauben aufrechterhalten und erfüllt wird." (6, 517/8–10) Das gesamte Evangelium ist Verheißung, und zwar Verheißung durch das Wort. Gottes schöpferisches Wort ist als solches immer Verheißung, immer Zuspruch, oder es ist nicht Gottes Wort. Selbst wo uns Gottes Wort nicht als zusagendes begegnen mag, so ist es dies doch gegen allen Anschein. Dieses verheißende Wort Gottes benötigt nun aber einen Raum, in dem es nicht ungehört verhallt. Ohne diesen Widerhall wäre es natürlich immer noch Wort Gottes, aber es wäre nicht Zusage, denn Zusage kann nur dann Zusage, Verheißung sein, wenn es jemanden gibt, der dieser Zusage glaubt. Was heißt es nun genau, dieser Verheißung zu vertrauen?

„[Dieser Glaube] hört nicht nur die Geschichten der Kreuzigung Christi durch die Juden und Pilatus oder von seiner Auferstehung, [...] sondern er erkennt die Liebe Gottes, des Vaters, der für Deine Sünden hingegeben ist und Dich erlösen und heil machen will. 15. Diesen Glauben predigt Paulus, den der Heilige Geist zum bloßen Wortlaut des Evangeliums hinzu in den Herzen derer, die hören, schenkt und erhält. [...] 17. Der [...] Glaube der Sophisten spricht von Christus: ‚Ich glaube, dass der Sohn Gottes gelitten hat und auferstanden ist.' Und damit hört er auf. 18. Aber der wahre Glaube sagt: ‚Ich aber glaube, dass der Sohn Gottes gelitten hat und auferstanden ist. Aber dies alles für mich, für meine Sünden. Dessen bin ich gewiss.' […] 22. Der wahre Glaube umfasst mit ausgebreiteten Armen fröhlich den Sohn Gottes, der für ihn hingegeben ist, und sagt: Er ist mir mein Geliebter und ich bin ihm Geliebter. […] 24. Jenes also, dass [man hinzufügt], wenn man glaubt, „für mich" oder „für uns", macht jenen wahren Glauben aus und trennt ihn von jedem anderen Glauben, der lediglich die geschichtlichen Tatsachen hört. 25. Dies ist der Glaube, der uns allein rechtfertigt ohne Gesetz und Werke durch das Erbarmen Gottes, das in Christus dargeboten ist." (39 I, 45/23–46/10). Im Gegensatz zur Scholastik geht es nach Luther im rechtfertigenden Glauben weder um einen bloßen, die geschichtliche Wirklichkeit wahrnehmenden Glauben; es geht auch nicht um den Glauben als Tugend; und es geht erst recht nicht um einen durch das gute Werk zu kultivierenden Glauben. Es geht um den Glauben, der dem Wahrgenommenen zustimmt und es dadurch erkennt (erkennen in einem durchaus biblischen Sinne). Wo die Tradition den bloßen, den historische Wirklichkeit wahrnehmenden Glauben (fides historica), mit der fides caritate formata überformen will, da setzt Luther gegen die fides historica die unbedingte fiducia, das Vertrauen.

Und nun treffen sich die beiden Größen Verheißung und Glaube noch einmal an einer entscheidenden Stelle in ihrer Relation zueinander. Luther sagt im Kommentar zum Galaterbrief, die Theologie sei deshalb gewiss, weil sie uns von uns selbst wegreiße und uns außerhalb unserer selbst setze (theologia certa quia ponit nos extra nos; vgl. 40 I, 589/25–28). Die Unsicherheiten, die Luther am eigenen Leibe erfahren hatte, die ihn immer weiter in eine schier endlose Todesspirale getrieben hatten, die Unsicherheiten, die aus der Frage erwachsen waren: „Wann endlich habe ich meinem Gott genug getan? Wann endlich ist er mir gnädig?" – diese Unsicherheiten werden gegen die große Gewissheit eingetauscht, die aus Gottes Zusage und seiner Wahrheit resultiert, wie das Zitat weiterhin belegt. Die promissio, die wahrhaftige Zusage Gottes im Schöpfungswort, im fleischgewordenen Wort Jesus Christus und in dem im Sakrament verleiblichten Wort, diese promissio, die im Glauben ihren Gestaltungsraum findet, tröstet das Gewissen (consolatio conscientiae) und befreit so zu jener Gewissheit, die aufgrund der Sünde des Menschen keine Sicherheit werden kann. Gewissheit (certitudo) ist nicht weniger als Sicherheit (securitas). Sie ist Ausdruck der Erfahrung, dass Gott kein Vertragspartner ist, von dem seitens des Menschen etwas einzufordern wäre aufgrund eines geschlossenen Vertrages, eines unterzeichneten Schriftstückes; Gott ist vielmehr der liebende Vater, der ohne Vertrag seine Zuwendung zum Menschen zusagt und diese Zusage gewisslich hält. Die Relation zwischen promissio und fides begründet und bewahrt die Gewissheit des Glaubens.

Diese Glaubensgewissheit, gespeist aus dem radikalen und unumstöß-
lichen extra nos, dem „außerhalb unserer selbst" der Rechtfertigung, ist
und bleibt der Grundstein von Luthers Theologie. Von dort aus – und nur
von dort aus – erklären sich alle weiteren, in gleicher weise relational zu
bestimmenden Lehrstücke – und allererst das vom Menschen vor seinem
Gott.

5

Kreuz und Liebe – Der Mensch vor seinem Gott

In den Jahren nach 1515/16, also nach der Römerbriefvorlesung und seiner Entdeckung der Rechtfertigung des Gottlosen vor allem aus diesem Schriftzeugnis heraus, begann Luther damit, diese seine Erkenntnis im akademischen Betrieb zu schärfen und in eine bestimmte, noch sehr eingeschränkte Öffentlichkeit zu bringen. In dieser Zeit trennt sich gewissermaßen die Spreu vom Weizen, und dies in zweifacher Hinsicht. Zum einen im Blick auf Luther selbst: Luther wirft nach und nach seine traditionellen Eierschalen ab, er emanzipiert sich in negativer wie in positiver Hinsicht von den ihn prägenden Traditionen der Scholastik und der Mystik; seine in mancherlei Bereichen noch diffusen Ansichten klären sich, und er bringt seine neuen Ansichten immer schärfer auf den Punkt. Nach und nach wird ihm dabei das Gegenüber zur Papstkirche bewusst werden. Noch aber ist er der gehorsame Mönch, der sich zu beugen bereit ist – allerdings nun unter den von ihm gesetzten Bedingungen! Zum anderen trennt sich die Spreu vom Weizen im Blick auf Anhänger und Gegner Luthers. Just die akademischen Dispute werden immer klarer aufweisen, wo Kernpunkte des Lutherisch-Reformatorischen auszumachen sind und ob und inwiefern sie von anderen mitzutragen sind. Es wird sich so etwas wie eine – wie man das später nannte – „Wittenberger Elle" herausbilden, an der sich jeder und alles messen lassen muss, der und was von sich behauptet, Teil der reformatorischen Bewegung zu sein.

Fragen wir – um im Bild zu bleiben – nach der Maßeinheit dieser Wittenberger Elle, dann soll diese Maßeinheit „Relation" genannt sein. In der Frage nach der Relation zwischen Gott und Mensch nämlich stellt Luther alles auf den Kopf, was die traditionelle Theologie zu bieten hatte. Denn diese Relation wird so radikal von der Schöpfung und vom Beziehungsgefüge Schöpfer-Geschöpf her gedacht, dass in dieser Radikalität kein Raum bleiben kann für eine wie auch immer geartete Autonomie, Selbstständigkeit, Selbstverwirklichung. Der Mensch ist da wirklich, wo er eben nicht selbst, bei sich ist, sondern außer sich bei Christus, bzw. wenn er dieses sein Selbst wiederum als relationales Selbst versteht, also als Selbst, das nur in der Beziehung von außen her und nach außen hin sich versteht. Hinsichtlich seines Selbst-Verständnisses, seiner Relation zu sich selbst, muss – oder besser: darf! – er sich als Sünder und dennoch und zugleich Gerechtfertigter verstehen. Dies wiederum befreit ihn zu neuer Relation zu seinen Mitgeschöpfen, und dies in einem umfassenden Sinne. Die Frage, an der sich also der reformatorisch orientierte Christ messen lassen muss, ist, wie weit ihm diese Relationen als Pointen des Schriftzeugnisses klar sind und ob und wie er sie als Theologe zur Sprache bringt. Eben um diese Relation geht es Luther in besonderer Weise in allen seinen Texten; in den Texten unmittelbar nach 1516 profiliert er die Beschreibung und Charakterisierung dieser Relation, und zwar noch ganz im Rahmen des akademischen Wissenschaftsbetriebes, in dessen Zentrum die mündliche oder die in Schriftform gegossene Disputation steht: Thesen, Erläuterungen, Gegenthesen und unter Anwendung logischer Grundsätze gefolgerte Schlüsse sollten auch die Fundamente der Theologie hieb- und stichfest und also unangreifbar werden lassen. Eine Disputation sollte Diskussionen in Gang bringen, und je provokanter sie war, desto besser für diese Diskussionen.

Luther dürfte gerade zu Beginn seiner „Profilierungsphase" von diesem rhetorischen Kniff Gebrauch gemacht haben, um gewissermaßen zu testen, wie seine Erkenntnis ankommt und ob sie von den akademischen Größen Wittenbergs getragen wird. In diesem Sinne ist auch die Disputation zu verstehen, die am 26. September 1516 von Bernhard Feldkirch gehalten wird und für die Luther mindestens Pate steht, wenn er sie nicht gar selbst verfasst hat. Luther führt auch selbst den Vorsitz in dieser Disputation, die bereits ganz im Zeichen der in Wittenberg angestrebten Universitätsreform steht. Erst 1502 war die Universität von Friedrich dem Weisen gegründet worden, und zwar ganz bewusst als Reformuniversität. Dies heißt zu diesem Zeitpunkt, dass man die humanistischen Erkenntnisse aufnimmt und eine an Bibel und Kirchenvätern orientierte Theologie betreibt, dass die Schrift in ihren Ursprachen behandelt werden soll und dass der Aristotelismus und die Ausrichtung an dem nominalistischen Scholastiker Gabriel Biel zugunsten der Größen Paulus und Augustin zurückgedrängt wird. Die drei Thesen der Disputation lauten:

„1. Der Mensch, im Blick auf seine Seele Gottes Ebenbild und so zur Gnade Gottes tauglich, unterwirft, allein auf seine natürlichen Kräfte gestellt, eine jede Kreatur, derer er sich bedient, der Eitelkeit. Er sucht nur das Seine und was des Fleisches ist. […] 2. Der von der Gnade Gottes ausgeschlossene Mensch kann dessen Gebote keineswegs halten noch sich […] zur Gnade bereiten, sondern er bleibt notwendigerweise unter der Sünde. […] 3. Die Gnade oder Liebe, die nur in äußerster Not zu Hilfe kommt, ist gänzlich untätig und vielmehr keine Liebe; es sei denn, ‚äußerste Not' würde nicht verstanden als Todesgefahr, sondern als Mangel an jeder beliebigen Sache." (1, 145/10–149/22)

Die erste These bedient sich zunächst traditionellen Gedankengutes – die Ebenbildlichkeit als Würdezeichen des Menschen –, um die natürlichen Kräfte des Menschen als unfähig aufzuweisen, ohne Hilfe der Gnade auch nur irgendetwas zustande zu bringen, was ihn zu Gott bringt. Interessant ist, dass dieser Aufweis bei der Unfähigkeit beginnt, sich seinem Nächsten gegenüber angemessen zu verhalten. Die Selbstbezogenheit des Menschen, hier mit dem Stichwort der Eitelkeit auf den Punkt gebracht, verunmöglicht es, sich relational zu verhalten in dem Sinne, den Gott dem Menschen zugedacht hat. In einem zweiten Zusatz zur eigentlichen These wird zudem verdeutlicht, dass „Fleisch" an dieser Stelle nicht die Lust und die Triebe des Menschen meint, sondern grundsätzlicher zu verstehen ist als Ungehorsam gegen Gottes Wille.

Die zweite These kommt über dieses durchaus noch traditionelle Gedankenmoment insofern hinaus, als die Radikalität der Sünde herausgestrichen wird, um diese Unmöglichkeit zu unterstreichen. Die auf den ersten Blick vielleicht etwas unverständliche dritte These meint, die Gnade oder Liebe Gottes, die sozusagen bis zum Schluss wartet und dem Menschen nur dann hilft, wenn der schon alles in seinen Kräften Stehende getan hat, sei in Wirklichkeit keine Gnade oder Liebe. Gnade gilt immer oder sie gilt nicht. Liebe ist immer die bestimmende Kraft oder sie ist nicht Liebe. Gnade oder Liebe lediglich als Zugabe zu dem zu verstehen, was nur billig und recht ist, wird weder dem Wesen Gottes noch dem Wesen des Menschen gerecht. In einem Zusatz zur These wird verdeutlicht, wie es im gesamten Rechtfertigungsgeschehen um Christus allein geht. In dieser Ausschließlichkeit, in dieser absoluten und nicht zu diskutierenden Singularität dürfen wir das Neue, das Reformatorische bereits durchblitzen sehen. Ebenso evident aber ist, wie diese Thesenreihe durchaus auch noch traditionelle Elemente birgt, wenn dem „sola gratia", dem „allein aus Gnade", noch nicht explizit das „sola fide", das „allein aus Glauben", beigesellt ist. Da wir gesehen haben, wie fundamental diese gegenseitige Ergänzung der beiden Exklusivpartikel ist, können wir also erahnen, wie hier manches auf den Weg gebracht, aber noch nicht in seine Tiefe gelangt ist. Dagegen ist ersichtlich, wie das, was gegen die traditionelle Lehre ausgesagt ist, in wesentlichen Elementen bereits über die humanistische Kritik weit hinausgeht.

In der „Disputation gegen die scholastische Theologie" braucht Martin Luther am 4. September 1517 97 Thesen, um der gesamten scholastischen Tradition ihre Grenzen aufzuweisen. Und das in scharfer Radikalität. Denn er zieht nicht nur die Ergebnisse ihrer theologischen Überlegungen in Zweifel, sondern darüber hinaus auch die diesen zugrunde liegenden methodischen Elemente. Luther wagt es, den Gewährsmann für alles Logische und Ontologische in Frage zu stellen: Aristoteles. Nicht, dass dieser nicht ein bedeutender Philosoph und Denker gewesen wäre. Was aber hat – so Luthers kritische Anfrage – ein bedeutender Philosoph und Denker in der Theologie zu suchen? Dazu finden sich in der Disputation u.a. folgende Spitzensätze: „43. Ein Irrtum ist es zu sagen, ohne Aristoteles werde keiner ein Theologe. […] 44. Vielmehr wird keiner ein Theologe, wenn er es nicht ohne Aristoteles wird. 45. [Zu behaupten], ein Theologe, der kein Logiker ist, sei ein ungeheuerlicher Häretiker, ist eine ungeheuerliche und häretische Rede. […] 46. Vergeblich wird eine Logik des Glaubens erdichtet, eine Unterschiebung, ausgedacht außerhalb von Sinn und Verstand. […] 50. Kurz, der ganze Aristoteles verhält sich zur Theologie wie die Finsternis zum Licht. " (1, 226/14–27) Luther tut an dieser Stelle nichts Geringeres, als eine ehrwürdige und allseits anerkannte Autorität vom Sockel zu stoßen. Das ist mindestens frech. Nur ohne Aristoteles, so seine Spitzenbehauptung, kann man ein rechter Theologe werden. Denn nicht die Logik macht die Theologie zur Theologie. Das hieße aus einer Glaubenssache eine Vernunftsache zu machen. Der Glaube, so Luther ebenso verwirrend wie lakonisch, hat keine Logik.

Gerade angesichts moderner Missinterpretationen dieses Sachverhaltes (bis hin zu der Papst Benedikts XVI. in seiner Regensburger Vorlesung 2006) muss klargestellt werden, was Luther meint und was nicht. Das Verhältnis von Glaube und Vernunft bestimmte immer schon die Theologie. Von ihren Anfängen bis heute ergeben sich Schwierigkeiten, diese beiden Größen in einen solchen Einklang zu bringen, dass beide zu ihrem Recht kommen, ohne dass das eine durch das andere aufgesogen oder herabgesetzt oder überhöht würde. Die mittelalterliche Theologie hat vielleicht am stärksten versucht, Glaube und Vernunft auf eine Ebene zu heben, schon allein, um die Heiden per Vernunft zu überzeugen, christlicher Glaube sei eine dem Verstand einleuchtende Sache, der sich kein denkender Mensch entziehen oder gar widersetzen könne. Die Hochachtung der Vernunft entspricht dem thomistischen Grundsatz, die Gnade hebe die Natur nicht auf, sondern vervollkomme sie. Luther nun weist die Vernunft deutlich in ihre Schranken. Sie ist nicht in der Lage, die Tiefe dieses relationalen Gefüges, um das es in der Theologie geht, auszuloten. Später, 1536 in der Disputation über den Menschen, wird Luther der Vernunft ihren rechten Ort innerhalb der Welt ausführlich und ausdrücklich zuweisen: In diesem Leben (in hac vita) gibt es keine höhere und wertvollere Kraft im Menschen als die Vernunft. Vor Gott aber hat sie insofern keinen Ort, als sie die Wahrheit über den Menschen nicht anerkennen will: Dass

der Mensch der homo iustificandus, der stets auf Rechtfertigung ange-
wiesene Mensch ist, will die Vernunft nicht wahrhaben. Die Vernunft – als
Kraft im Menschen wie der gesamte Mensch von der Sünde bestimmt –
kann nicht wollen, dass Gott Gott ist. Erst wenn im Glauben die Vernunft
ihrer Sündhaftigkeit gewahr wird, kann sie sich mit ihrem Ort in der Welt
zufriedengeben.

Insofern muss Luther geradezu fordern, dass Theologie als Vergegenwärtigung des lebendigen Wortes Gottes sich nicht in ein logisches Korsett
pressen lässt und rhetorischen, methodischen und formallogischen An-
sprüchen genügen soll. Zwar ist es notwendig, dass Theologie insbesondere
dort, wo sie wissenschaftliche Theologie ist, sich an bestimmte Kunstregeln
und sprachliche und methodische Übereinkünfte hält. Doch richten sich
ihre Inhalte nicht nach Formelbüchern oder aristotelischen Kategorien; sie
richten sich nach dem Zeugnis der Heiligen Schrift.

In der Disputation gegen die scholastische Theologie nennt Luther nun
auch, was seiner Meinung nach eine Theologie, die sich auf Aristoteles
stützt, nicht wahrhaben will, was sie leugnet und wogegen sie lehrt. Ein
paar Spitzenthesen seien genannt, um sich vor Augen zu führen, wie Luther nun auch die beiden scholastischen Autoritäten, die ihm selbst am besten bekannt sind, überführt: „6. Es ist falsch, dass sich der Wille von Natur aus nach der richtigen Vorschrift der Vernunft richten könne. (Gegen
[Duns] Skotus und Gabriel [Biel]) 7. Sondern ohne die Gnade Gottes begeht er notwendig eine Handlung, die damit nicht übereinstimmt und
böse ist." (1, 224/17–19) Ebenso, wie er die Aristotelesrezeption und den
über sie in die Theologie eindringenden Primat der Vernunft der via antiqua angreift, so ist ihm hier der Primat des Willens der via moderna ein
Dorn im Auge. Die Scholastik hatte mit unterschiedlicher Gewichtung versucht, die beiden erhabensten Kräfte des Menschen, die Vernunft und den
Willen, als von der Sünde unangetastet bzw. nicht von ihr im Letzten be-
schädigt herauszustellen. Luther ist an dieser Stelle von erfrischender
Nüchternheit: Ebenso wie die Vernunft ohne die Gnade nichts bzw. böse
ist, so auch der Wille des Menschen.

Aus dieser Unfähigkeit resultiert, dass das Wirken und das Werk des
Menschen einen anderen Stellenwert erhalten müssen, als ihnen bisher zu-
gewiesen wurde. Und dies ist nun spätestens der Punkt, an dem Luther
über eine bloße akademische Disputation in den Bereich der gemeindlichen Frömmigkeit eindringt und darin eine potentielle Gefahr für das Leben der Kirche zu werden droht. Luther formuliert: „ 39. Wir sind nicht
Herren über unsere Handlungen vom Anfang bis zum Ende, sondern
Knechte. […] 40. Wir werden nicht dadurch gerecht, dass wir gerecht han-

deln, sondern gerecht gemacht vollbringen wir gerechte Handlungen
[…].“ (1, 226/6–9) Es kommt also, schlicht ausgedrückt, auf die Beachtung
der rechten Reihenfolge an. Natürlich sind gute Werke notwendig und
nützlich – aber nicht vor Gott, sondern vor der Welt.

In den Thesen 62 bis 66 (vgl. 1, 227/14–21) wird Luther eine weitere
kategoriale Unterscheidung vornehmen, die derjenigen zwischen Gesetz
und Evangelium korrespondiert: die zwischen innen und außen, die er
wohl vornehmlich aus der Mystik entlehnt hat und in seinem Freiheitstraktat 1520 weiter entfalten wird. Die böse Tat, so bringt es Luther auf den
Punkt, geschieht nicht erst im Vollzug, im Akt, sondern vielmehr bereits
im Willen, sie zu tun – oder noch besser: in der Unmöglichkeit für die
Kräfte des Menschen, sie nicht zu tun, sie nicht zu wollen. Daher ist, die
Sünde nicht zu tun, der Neigung nicht nachzugeben, nichts, worauf man
stolz sein könnte. Das ist eine ungeheure Aussage Luthers! Das heißt nun
nicht, dass man sich nicht dennoch anstrengen soll, ein Leben in der Erfüllung der Gesetze zu leben. Es kommt aber darauf an, dass man sich bewusst wird und bleibt, damit vor Gott nichts ausrichten zu können und –
und das ist das Entscheidendere – nichts ausrichten zu müssen. Das verdeutlicht Luther sehr schön in den Thesen 79 und 80: „79. Verflucht sind
alle, die Werke des Gesetzes wirken. 80. Gesegnet sind alle, die Werke der
Gnade Gottes wirken.“ (1, 228/3f.)

Luther selbst ist die Thesenreihe gegen die scholastische Theologie
enorm wichtig, wie aus einem Brief erhellt. Für Luther enttäuschend bleibt
jedoch sein Ansinnen so gut wie echolos. Es kommt zu keiner Disputation,
die erwartete Provokation bleibt aus. Um so überraschender ist es dann für
ihn, welches Aufsehen seine Ablassthesen hervorrufen sollen, die weit un-
spektakulärer sind. Und doch sind es eben diese Ablassthesen, die buchstäblich mit einem Schlag aus dem unbedeutenden und vielleicht etwas
unbequemen Mönchlein aus der Provinz einen gefährlichen Aufrührer
machen. Und zwar genau aus dem Grunde, weil damit die reformatorische
Entdeckung Luthers in einer ganz bestimmten Sachfrage erste deutlich
wahrnehmbare Früchte trägt und den akademischen Raum des Hörsaals
verlässt. Es gilt deshalb, genau darauf zu achten, worum es in dieser Sache
und diesem Streit geht und welche Konsequenzen er hat.

Albrecht von Brandenburg, Erzbischof von Magdeburg und Administ-
trator von Halberstadt und dazu noch Erzbischof von Mainz und als solcher einer der sieben Kurfürsten des Reiches – und das alles bereits im Alter von 24 Jahren – hat große Schulden. Um seine diversen Ämter zu
erwerben – und er hat durchaus noch höhere Pläne, z.B. die Kardinals-
würde zu kaufen – hat er beim Augsburger Bankhaus der Fugger Kredite

aufgenommen, die es zurückzuzahlen gilt. Und so tut er so ziemlich alles, um an Geld zu kommen. Dabei kommt ihm sehr entgegen, dass Papst Julius II. seinerseits alles zu tun bereit ist, die römische Kirche in neuem Glanz erstrahlen zu lassen. Sein ehrgeizigstes und kostspieligstes Projekt ist der Neubau der Peterskirche. Um diesen zu finanzieren, erlässt er 1506 einen Jubiläumsablass, den Petersablass, der über mehrere Jahre hinweg gepredigt und verkauft werden und die Kassen klingeln lassen soll. Bei diesem Ablass handelt es sich um einen Plenarablass: Der Kauf dieses Ablasses soll auf einen Schlag frei machen von so ziemlich allen Sorgen um das Seelenheil. Und entsprechend teuer ist er. Albrecht ordnet den Verkauf von Ablassbriefen in den ihm unterstehenden Provinzen an; ein Teil der Einnahmen soll das päpstliche Projekt unterstützen, ein großer Teil aber ihm selbst verbleiben und dem Abbau seiner Schulden dienen.

Die Idee vom Ablass als Nachlass von Sündenstrafen hat eine lange Tradition in der Kirche. Insbesondere mit der Entwicklung des Bußinstitutes und der differenzierten Vorstellung, was mit einer Seele nach dem Tod passiere, und damit verbunden, welche Strafe für welche Sünde zu erwarten sei, hat es geradezu provoziert, nun umgekehrt auch differenzierter zu überlegen, wie für diese gestuften Sünden ein gestufter Strafnachlass formuliert werden kann. An dieser Stelle muss auf die Formulierung genau geachtet werden, weil dies immer wieder (gerade auch in den populären Medien) falsch beschrieben wird: Ursprünglich meint Ablass einen Nachlass der ewigen Sündenstrafen – so und nicht anders muss die Formulierung lauten. Es geht weder darum, die Sündenschuld zu vergeben, noch darum, die zeitlichen Sündenstrafen zu verkürzen oder gar aufzuheben, denn diese dienen der Läuterung des Sünders. Allerdings war diese ursprüngliche Sicht nun durch die Praxis in eine andere Richtung gelenkt worden. Die erste, entscheidende Umdeutung geschieht durch die Möglichkeit, sich diesen Ablass nicht durch entsprechende Bußleistungen gewissermaßen zu erarbeiten, sondern käuflich erwerben zu können. Die zweite Umdeutung geschieht durch die Ausweitung, nicht nur die ewigen Sündenstrafen ganz oder teilweise erlassen zu bekommen, sondern auch die unangenehme und quälende Zeit im Fegefeuer und die Bußleistungen zu verkürzen. Nach traditionellem Verständnis besteht die Buße aus drei Teilen: contritio cordis (Reue), confessio oris (Beichte) und satisfactio operis (Genugtuungsleistung). Mit der Möglichkeit, Ablass käuflich zu erwerben und nun nicht mehr nur für sich, sondern auch für andere, wird dieses Bußverständnis ad absurdum geführt, was schon an einem Punkt ganz deutlich wird: Wie soll ein Verstorbener Reue empfinden und beichten? Die Buße wird also vollständig auf die satisfactio operis konzentriert und damit ihres ursprünglichen Sinnes enthoben. Möglich wurde diese Vorstellung durch die Idee eines Gnadenschatzes der Kirche. Dieser Thesaurus bestand aus den Verdiensten, die Christus und die Heiligen im Übermaße erworben hatten und aus dem nun die Kirche reichlich schöpfen konnte. Dass einmal galt, Christus verwalte diesen Schatz, hatte man geschickt umgedeutet: Die Kirche als Verwalterin der Sakramente und damit der Gnadenmittel hatte sich auch zur Hüterin und Verwalterin des Gnadenschatzes erhoben.

Luther kommt mit dieser missbräuchlichen Interpretation des Ablasses intensiv in Berührung, als Friedrich der Weise, Luthers Landesherr, wie auch Herzog Georg von Sachsen in ihren Territorien zwar den Ablasshandel mit dem Petersablass untersagen, die Ablass suchenden Beichtkinder nun aber von Wittenberg in das eng angrenzende Jüterbog oder Zerbst reisen, die bereits einem anderen Territorium angehören. Dort erwerben sie die Ablassbriefe und gehen damit zu Luther, der seinen Ohren nicht traut und die Kirche Roms in ernsthafter Gefahr sieht. Das, was da insbesondere der Dominikanerprediger Johannes Tetzel verbreitet (über den und dessen Predigten die tollsten Gerüchte im Umlauf sind), ist, davon ist Luther überzeugt, nicht im Sinne Roms und muss dort bekannt gemacht werden. Sein Ansinnen ist, die Missverständnisse um den Ablass aus dem Weg zu räumen. Die 95 Thesen, die er ganz im akademischen Stil verfasst, sollen die Diskussion dazu eröffnen. Nicht mehr und nicht weniger. Die Thesenreihe, die er zusammen mit einem Begleitbrief an Albrecht, den Erzbischof von Mainz, schickt, wird binnen weniger Tage in ganz Deutschland verbreitet. Und sorgt für erhebliche Unruhe. Denn natürlich ist Rom weit weniger uninformiert, als es Luther in seiner provinziellen Naivität glaubt. Mit einigen seiner Thesen hat er also, ohne dass ihm dies wohl zur Gänze bewusst gewesen sein dürfte, nicht nur Albrecht und Johannes Tetzel, sondern auch den inzwischen in Rom residierenden Papst Leo X. der theologischen Unlauterkeit überführt.

Gleich die erste These tut nichts anderes, als das gesamte mittelalterliche Bußinstitut aus den Angeln zu heben: „1. Unser Herr und Meister Jesus Christus wollte, indem er sagte ‚Tut Buße‘ usw., dass das ganze Leben der Gläubigen Buße sei." (1, 233/10f.) Indem er behauptet, das ganze Leben sei Buße, muss natürlich und eigentlich als nächstes die Frage gestellt werden, was dann die Beichte für einen Sinn und Zweck hat. Vor allem: Wenn das ganze Leben Buße ist, dann ist dies doch ein Beweis dafür, dass es kein Entrinnen vor der Sünde gibt. Die Radikalität des Sündenbegriffs zieht hier einen ersten, bedeutenden Kreis. Und ein Weiteres deutet sich an: Ist das ganze Leben des Menschen Buße, dann ist auch das gesamte Leben des Menschen eine immer wiederkehrende Taufe – nicht im Sinne einer Wiedertaufe, sondern in dem Sinne, dass ebenso, wie die Sünde als eine das Leben des Menschen dimensionierende Wirklichkeit anwesend ist, auch Trost und Zusage immer anwesend sind. Das Leben des Menschen ist durchgehend ein Zugleich, ein simul von Sünde, Buße und neuer Taufzusage. Diesen Gedanken wird Luther in späteren Schriften erneut aufnehmen und ausbauen. Die 20. und 21. These sind ein schöner Beweis dafür, dass es Luther tatsächlich zunächst darum geht, den Papst von dem schrecklichen Missbrauch des Ablasses durch seine abtrünnigen Prediger zu informieren; sie sind die Bösen, die aus dem Nachlass der Sündenstrafen einen Plenarablass machen wollen und damit das Ablassinstitut der Lächerlichkeit preisgeben. (vgl. 1, 234/15–18)

In den Thesen 27 und 28 wird eine wichtige Unterscheidung getroffen: „[27.] Menschentand predigen die, die sagen, sobald der in den Kasten geworfene Groschen klinge, die Seele [aus dem Fegefeuer] emporfliege. [28.] Sicher ist, dass, wenn der Groschen im Kasten klingt, Gewinn und Geiz zunehmen können, die [Erhörung der] Fürbitte der Kirche aber steht im Willensvermögen Gottes allein." (1, 234/29–32) Immer wieder wird Luthers Theologie die so wichtige Unterscheidung von göttlichem Gebot und Menschenlehre, von göttlicher Offenbarungswahrheit und menschlicher Meinung durchziehen. Auch an dieser Stelle unterscheidet er göttlichen Willen und Menschentand voneinander, indem er den bis in unsere Tage berühmten Satz „Wenn das Geld im Kasten klingt, die Seele in den Himmel springt" als Irrmeinung entlarvt. Wenn er hier auch sehr scharf den Fiskalismus angreift und von Gewinn und Geiz spricht, so müssen wir doch beachten, dass er dieses Element nicht vornehmlich im Visier hat. Es geht ihm vielmehr darum, die Fürbitte nicht als Automatismus zu begreifen, sondern sie auf das zu fokussieren, was allein sie wirksam macht, nämlich Gottes Gnade.

Von entscheidender Bedeutung ist die 62. These, weil Luther in dieser nichts Geringeres tut, als das Selbstverständnis der mittelalterlichen Kirche zu desavouieren: „Der wahre Schatz der Kirche ist das allerheiligste Evangelium von der Herrlichkeit und Gnade Gottes." (1, 236/22f.) Diese These konterkariert in wunderbarer Weise die Lehre vom Gnadenschatz der Kirche, vom thesaurus meritorum. Dieser besteht nach Luther mitnichten in den Verdiensten der Heiligen, sondern einzig und allein in der Herrlichkeit und der Gnade Gottes. Dies ist der Schatz der Kirche, den sie zu verwalten hat. Mit anderen Worten: Sie erfüllt dann ihre Aufgabe, wenn sie das Evangelium verkündet, wenn sie predigt – nicht, wenn sie Ablassbriefe verkauft. In der Tat kündigen sich an dieser unauffälligen Stelle be-

reits weitreichende Weichen für eine neue Ekklesiologie, ein neues Amts-
und Kirchenverständnis und in dessen Konsequenz auch ein neues Verständnis der Liturgie an.

Die Ablassthesen nehmen sehr schnell ihren eigenen Weg. Vermutlich
noch im selben Jahr 1517 macht sich Luther daran, diese Thesen zu erläutern und nun seine eigene Sicht explizit darzutun. Der „Sermon von Ablass und Gnade", der 1518 in den Druck geht, macht schon im Titel deutlich, worum es eigentlich geht. Es geht nicht so sehr um das missbrauchte
Ablasswesen, es geht vielmehr um das rechte Gnadenverständnis. Hier nun
bricht sich die reformatorische Entdeckung weiterhin Bahn. Luther führt
den Bußbegriff in diesem Sermon auf das Element zurück, das er für das
wichtigste hält: die Reue. Reue beweist eine Einsicht in die eigene Sündhaftigkeit und vertraut sich der zugesagten Gnade ganz und gar an. Das
gute Werk kann dann sehr wohl ein gutes Werk sein, hat aber keinerlei Bedeutung im Rechtfertigungsprozess. Von dort aus holt Luther aus zum
Rundumschlag gegen das Ablasswesen überhaupt: „Ablass wird um der
unvollkommenen und faulen Christen willen zugelassen, die sich nicht
fleißig in guten Werken üben wollen oder unleidlich sind. Denn Ablass för-
dert niemand zum Bessern, sondern duldet ihre Unvollkommenheit und
lässt sie zu. Darum soll man nicht gegen den Ablass reden; man soll aber
auch niemandem zu ihm zureden. […] Viel sicherer und besser würde der
handeln, der bloß um Gottes willen etwas für die Peterskirche oder was
sonst genannt wird, gäbe, als dass er Ablass dafür nähme. Denn es ist gefährlich, dass er eine solche Gabe um des Ablasses und nicht um Gottes
willen gibt." (1, 245/26–34) Der Fortschritt gegenüber den 95 Thesen ist
deutlich erkennbar: Hatte Luther dort noch sehr wohl am Ablassinstitut
festgehalten und lediglich, gleichwohl eindrücklich vor seinem Missbrauch
gewarnt, so ist er in diesem Sermon bereit, den Ablass selbst aufzugeben.
Jetzt ist offensichtlich, wie tief das eigentliche Problem sitzt. Nicht erst der
Missbrauch macht die Angelegenheit fragwürdig, sondern bereits der Gebrauch. Ablass gaukelt im Gebrauch ebenso wie im Missbrauch vor, im
Heilsgeschehen habe noch etwas anderes Platz als die Gnade Gottes allein.
Also ist es nur konsequent und überdies empfehlenswert, sich von der Vor-
stellung eines kirchlich gewährten Ablasses ganz zu verabschieden.

Dass Luther sich mit dieser scharf pointierten Ansicht keine Freunde
macht, ist nur zu verständlich. Ihm erwachsen zwei starke Gegner: einmal
Johannes Tetzel selbst, der sich sicher nicht ganz zu Unrecht persönlich angegriffen fühlt; er verfasst Gegenthesen, die aber eigentlich von dem Rek-
tor der Frankfurter Universität, Konrad Wimpina, stammen. Und dann der
Ingolstädter Theologe Johannes Eck, der handschriftliche Randbemer-

kungen zu Luthers Thesen verfasst, die Obelisci genannt werden. Luther kommentiert wiederum diese Obelisci mit Gegenargumenten, den sogenannten Sternchen oder Asterisci. Bereits Ende 1517 wird Luther von Albrecht von Mainz, im Januar 1518 von Rom durch die Dominikaner angeklagt. Der Ordensgeneral der Augustinereremiten dagegen will auf einen Prozess gegen den aufmüpfigen Mönch verzichten und fordert – ganz im Sinne Luthers – eine akademische Disputation zur Klärung der Sache. Staupitz, der uns schon bekannte väterliche Freund Luthers und Generalvikar der deutschen Ordensprovinz, lädt daraufhin das Generalkapitel der Augustiner auf den 26. April nach Heidelberg, wo Luther in einer Disputation seine neuen Gedanken, die ihn zur harschen Kritik am Ablass geführt hatten, vorstellen soll. In diesem Kontext entsteht einer der eindrücklichsten Texte der Reformationsgeschichte: die Heidelberger Disputation. In ihr äußert Luther grundlegende Erkenntnisse der reformatorischen Einsicht, wie üblich für dieses Genre zugespitzt auf den Punkt gebracht. Wie schlagkräftig diese Thesen tatsächlich sind, kann man daran sehen, dass etwa Martin Bucer, bis dato ganz und gar und überzeugter Dominikaner, nach der Disputation mit fliegenden Fahnen auf die Seite Luthers wechselt. Was ist nun das Besondere an dieser Thesenreihe?

Zunächst merkt man den Thesen an, dass sie zwar in unmittelbarem Kontext der Ablassdebatte zu verstehen sind. Ihr Thema ist im weitesten Sinne die Nicht-Bedeutung des menschlichen Werkes vor Gott in Bezug auf das Heil. Jedoch gehen sie über das, was Luther bisher dazu aufgeführt hat, insofern weit hinaus, als sie die Tiefe ausloten, in die hinein diese Thematik reicht. Luther weist in den ersten Thesen streng zurück, das menschliche Werk könne irgendetwas für das Heil ausrichten, irgendwie vor Gott angenehm machen. In diesem Zusammenhang lässt er sich dazu hinreißen, den hier schon erwähnten Satz Gabriel Biels ad absurdum zu führen, der behauptet hatte, dass Gott Kraft seiner potentia ordinata dem menschlichen Willen dann, wenn dieser tut, was in seiner Kraft liegt, die Gnade nicht verweigern kann. Dem schleudert Luther geradezu entgegen: „Das freie Willensvermögen ist nach dem Sündenfall nur noch eine Sache dem Namen nach, und wenn es tut, was an ihm ist, begeht es Todsünde." (1, 359/33f.) Zu behaupten, alles, was der Mensch tue, und vor allem das, was er mit seinen angeblich vornehmsten Kräften vollbringe, diene nur dazu, ihn immer weiter in die Todesspirale hineinzudrehen, das treibt die Diskussion, in der sich Luther seit 1516 befindet, auf die Spitze. An dieser Stelle kulminieren seine reformatorische Entdeckung, seine Auflehnung gegen scholastische Autoritäten und seine Sorge um seine Beichtkinder. Diese würden, so muss man diese 13. These lesen, zur Todsünde verführt anstatt aus ihr befreit. Im Gegenteil, so fährt Luther in der 14. These fort, es gibt nur noch eine Freiheit zum Bösen. Damit schließt er sich an Augustins Auffassung an, der Mensch stehe nach dem Sündenfall in der elenden Notwendigkeit, nicht mehr nicht sündigen zu können (misera necessitas non posse non peccandi).

Nun überraschen diese Aussagen nicht sonderlich nach dem, was wir bereits von Luther kennen. Wenn er hier auch neuerlich zuspitzt und dem Gegner keinen Raum mehr zum Atemholen lässt, so bewegt er sich doch konsequent in der Bahn, die er bereits beschritten hat. Doch nun steuert er mit den folgenden Thesen auf eine unerhörte Aussage zu: „19. Der ist nicht wert, ein Theologe zu heißen, der Gottes ‚unsichtbares Wesen durch das Geschaffene erkennt und erblickt‘. […] 20. Sondern nur der, der Gottes sichtbares und (den Menschen) zugewandtes Wesen durch Leiden und Kreuz erblickt und erkennt. […] 21. Der Theologe der Herrlichkeit nennt das Böse gut und Gutes böse, der Theologe des Kreuzes sagt, was Sache ist." (1, 361/32–362/22) Wir sind bereits einer Aussage Luthers begegnet, in der er auf den Punkt bringt, was einen Theologen zum Theologen macht: die Fähigkeit, Gesetz und Evangelium als verschiedene Zeiten voneinander zu unterscheiden. Nun gesellt sich ein zweites Merkmal rechten Theologeseins hinzu: die Fähigkeit, Gottes sichtbares und den Menschen zugewandtes Wesen durch Leiden und Kreuz hindurch zu erblicken. Der Theologe der Herrlichkeit verdunkelt das, was Gott von sich offenbar gemacht hat; nur der Theologe des Kreuzes nennt die Dinge beim Namen und erkennt Gott wirklich. Beide Aussagen korrespondieren aufs Engste miteinander. Der Theologe der Herrlichkeit wird immer daran festhalten wollen, dass menschliches Werk, sei es von der Vernunft oder vom Willen gelenkt, sein Teil zum Heil beitragen kann. Er wird an alter Gesetzlichkeit festhalten oder eine neue erfinden. Er wird sich nicht auf die „neue Zeit" einlassen und nicht in Christus, sondern in der Erfüllung der Gesetze und Gebote sein Heil suchen. Er wird wissen wollen, wie Gott in seinen Geheimnissen ist, und sich nicht an das halten, was Gott von sich selbst offenbart hat. Er wird immer wieder in Spekulationen fallen, die er weder veri- noch falsifizieren kann, und dies allein deshalb nicht, weil diese seine Spekulationen keinerlei Anhalt an der Schrift haben. Es sind eben Spekulationen. Der Theologe des Kreuzes hingegen wird auf das schauen, was Gott offenbart hat. Er wird sich dem Evangelium zuwenden, das die Fülle der Weisheit parat hält. Er ist nicht angewiesen darauf, über Gottes Sein und Wesen zu spekulieren, er muss nicht Geheimnisse lüften, die weit über das hinausgehen, was in der Schrift zu finden ist. Er schaut nicht auf den dunklen und abgewandten Gott, sondern auf den, der sich dem Menschen zugewendet, sich ihm sichtbar, sich ihm offenbart hat. Er schaut auf den deus revelatus. Jetzt freilich kommt die Spitze des Unerhörten: Dieser deus revelatus ist derjenige, der nicht schön anzusehen ist; er ist kein Gott, der mit Pauken und Trompeten daherzöge und triumphierend seine Macht demonstrierte. Dieser Gott, den der Theologe des Kreuzes sieht, kommt so mächtig daher, dass er ohnmächtig sein kann. Er kommt als Kind, liegt in einer armseligen Futterkrippe und braucht Windeln; er kommt als junger Mann, der zornig aufbegehrt gegen den Tempel und das, was in ihm geschieht, und der die Händler von dort mit Gewalt vertreibt; er kommt als Mann, der in Anfechtung gerät und bittet, vom Leiden verschont zu werden; und er kommt als ausgemergelter, gefolterter Körper, der am Kreuz unsagbare Qualen leidet und den unwürdigsten Tod stirbt, den man zu dieser Zeit wohl sterben konnte. Kein Posaunenschall und kein Triumphgeschrei – sondern Weinen und Klagen. Kein Jubel und keine Freude – sondern Trauer und Furcht. Kein Sieg – sondern eine bittere Niederlage. So scheint es. Diese Ohnmacht, diese Niedrigkeit aber gilt es erst einmal wahrzunehmen und – und dies vor allem – erst einmal so stehen zu lassen. Man kann sie nicht wegdiskutieren. Man kann sie nicht schönreden. Man kann – und das ist jetzt Luthers Spitzenaussage – das Kreuz nicht mit der Auferstehung gerade rücken. Das Kreuz war, ist und bleibt das Skandalon, das Ärgernis, das keine Vernunft und keine Weltweisheit begreifen oder gar akzeptieren kann.

Wenn und weil der Theologe des Kreuzes dies einsieht, begreift und erfährt er zugleich, was die Erlösung in und durch Jesus Christus eigentlich bedeutet. Eine Christologie ohne Kreuz oder mit einem Kreuz, das nicht für sich genommen, sondern immer schon im Licht der Auferstehung betrachtet wird, ist keine Christologie als Soteriologie. Natürlich wäre das Kreuz ohne Auferstehung nicht denkbar. Es gilt aber, so Luther, dieses Kreuz und dieses Opfer Christi ernst zu nehmen. Zwei Beispiele verdeutlichen, wo es von dieser Auffassung bis heute Spuren gibt. Zunächst: Wenn man zahlreiche Reformationsgemälde, namentlich aus der Werkstatt Cranachs, betrachtet, dann fällt die zentrale Stellung des Opferlammes auf. Das ist so in der Kunst neu und hängt mit der soteriologischen Zuspitzung der Christologie durch Luther zusammen. Dieser Zuspitzung den rechten Ausdruck zu geben, dient die ikonographische Konzentration auf das Opferlamm. Das zweite Beispiel ist die Hochschätzung des Karfreitags im protestantischen Kirchenjahr. Der Karfreitag ist der höchste evangelische Festtag. Aus keinem anderen Grunde als diesem, dass sich im Karfreitagsgeschehen die Rechtfertigung des Gottlosen abbildet. In der römischen Kirche zählt das Osterfest, der Ostermorgen viel mehr.

Der Theologe des Kreuzes sieht also die Dinge, wie sie wirklich sind. Er nennt sie, so Luther, beim Namen. Er lässt hässlich, was hässlich ist. Das Kreuz Christi kann er als hässliches Schandmal stehen lassen, ohne es vom Licht des Ostermorgens überglänzen zu lassen. Erst der Blick auf die Niedrigkeit führt zum Heil. Und noch schärfer pointiert: Erst wenn der Mensch erkannt hat, dass nicht er göttlich werden muss, sondern dass Gott Mensch geworden ist um seinetwillen – dann hat er erkannt, was es um die Relation Gott-Mensch ist.

Von dort aus gelangt Luther zum nächsten scharfen Satz: „25. Nicht jener ist gerecht, der viel Werke tut, sondern wer ohne Werk viel an Christus glaubt. […] 26. Das Gesetz sagt: ‚Tue das‘, und es geschieht niemals. Die Gnade sagt: ‚Glaube an diesen‘, und schon ist alles getan." (1, 364/1–19) Das Gesetz, so führt Luther hier in der knappest möglichen Präzision aus, treibt den Menschen in den Teufelskreis des Du-sollst-aber-du-kannst-Nicht; aus diesem Teufelskreis befreit allein der Glaube. Der Glaube also, nicht das Werk bewirkt, dass der Mensch vor Gott angenehm wird. Das ist uns nun schon bekannt. Doch Luther spitzt seine Aussage noch einmal unvergleichlich zu in einem Satz, der zum Schönsten und Wichtigsten gehört, was der Reformator geschrieben hat: „28. Die Liebe Gottes findet nicht vor, sondern schafft sich das ihm Liebenswerte; die Liebe des Menschen entsteht an dem ihm Liebenswerten." (1, 365/1–3) Die Liebe Gottes unterscheidet sich damit fundamental von aller menschlichen Liebe, denn sie entzündet sich gerade nicht an dem, was liebenswert und liebenswürdig ist. Im Gegenteil entzündet sie sich an dem, was hässlich und unschön ist. Gerade in dem Moment, wo sich der Mensch von seiner hässlichsten Seite zeigte, als er nämlich den Sohn Gottes ans Kreuz schlug, da wirkte die Liebe Gottes am Menschen.

So spitzt also Luther in dieser Heidelberger Disputation nicht nur seine Scholastikkritik zu. Vielmehr dringt er zu den tiefsten Tiefen der möglichen Aussagen über die Relation des sündigen Menschen und des rechtfertigenden Gottes vor. Das Kreuz ist Liebe und so wird der Theologe des Kreuzes diese schöpferische Liebe Gottes im Kreuz erkennen – oder er erkennt sie nicht. Ein Dazwischen gibt es nicht. Die Liebe Gottes – ein so gerne missbräuchlich und allzu leicht süßlich verwendeter Begriff – ist nichts anderes als die Hinwendung des allmächtigen und herrlichen Gottes zu seiner hässlichen und unliebenswerten Kreatur in all der Verabscheuungswürdigkeit eben dieser Kreatur: Gott wird Mensch, weil der Mensch nie Gott werden kann. Das kann aber nur begreifen, wer die Niedrigkeit Gottes nicht schön redet, wer auf Spekulation verzichtet und dem, der sich in der Niedrigkeit offenbart hat, glaubt und ihm vertraut.

Es wird nun immer deutlicher ersichtlich, wie Luther mehr und mehr in Konflikt mit der römischen Kirche geraten muss. Seine reformatorische Entdeckung ist nicht dazu geeignet, ihr Dasein im stillen Kämmerlein zu fristen. Und sie ist nicht geeignet zur Konfliktfreiheit. Nicht genug, dass Luther Respektlosigkeit gegen alle Autoritäten, die etwas gelten, bekundet und ihnen den theologischen und methodischen Boden unter den Füßen wegzieht. Vielmehr steuert er – nicht immer willentlich und bewusst – auf Themenfelder zu, die sich als wahre Tretminen entpuppen müssen: Ablass, freier Wille, Rechtfertigung, Glaube und gutes Werk – und schließlich der Kirchenbegriff.

6

Verheißung und Zeichen – Luthers Lehre von der Kirche

Spätestens seit der Auseinandersetzung um den Ablass ist die Auseinandersetzung Martin Luthers mit seiner Kirche öffentlich. Die Theologen in Deutschland und Rom merken auf und erkennen – möglicherweise früher als er selbst –, welches Konfliktpotenzial in der reformatorischen Entdeckung liegt. Wenn es stimmt, was Luther später behaupten wird und wovon hier schon gehandelt wurde, dass nämlich der Rechtfertigungsartikel zum Richtscheit für jedes andere Thema in der Theologie werden muss, dann liegt es auf der Hand, wie wenig die Kirche seiner Gegenwart diesem Maßstab gerecht wird.

Gerade weil die Medien unserer Tage nicht müde werden, die mangelnde Moralität der Kirche in Luthers Zeit anzuprangern und diese als den Auslöser der Reformation herauszustellen, muss jedoch beachtet werden: Der neuralgische Punkt der Kirchenkritik Luthers ist ein ganz anderer. Die „Sünde" der Kirche versteht Luther – wie ja auch den Sündenbegriff insgesamt – viel tiefer als in bloßen Äußerlichkeiten als ein Missverständnis fundamentaler theologischer Wahrheiten. Dass sich in der konkreten Auseinandersetzung dann ein ganz eigener und neuer Kirchenbegriff herausschält, liegt eben darin begründet.

Die Autorität der Schrift gegen Papst und Konzilien

Historisch stellt das Verhör vor Kardinal Cajetan in Augsburg das erste offene Aufeinandertreffen der Parteien dar. Friedrich dem Weisen ist es zu verdanken, dass Luther zum Verhör nicht nach Rom reisen muss; der in Augsburg stattfindende Reichstag gibt eine willkommene Gelegenheit, die theologische Debatte dort gleich mit zu erledigen. Man darf allerdings hierbei auch die politischen Umstände nicht vergessen, die den Wind für Friedrich und seine Interessen mehr als günstig wehen lassen. Die Kaiserwahl steht früher oder später an. Die päpstlichen Interessen gehen in die Richtung, nicht Karl, den Habsburger, sondern Franz I. von Frankreich zu krönen. Also ist Rom sehr daran interessiert, den einflussreichen Friedrich, der als Kurfürst die Wahlfäden mit in der Hand hält, milde zu stimmen, jedenfalls nicht unnötig zu verärgern.

Cajetan, eigentlich Thomas de Vio, weilt als päpstlicher Legat beim Reichstag in Augsburg und ist außerdem bestens geeignet, das Verhör zu führen, weil er sich selbst gerade durchaus kritisch mit dem Ablasswesen auseinandergesetzt hatte. Er hat also durchaus ein theologisches Interesse an den Ansichten des kritischen Mönches aus Wittenberg. Freilich verläuft das Verhör, das pikanterweise im Fugger-Haus geführt wird und rein äußerlich also an den fiskalischen Missbrauch des Ablasswesens erinnern muss, anders als erwartet. Cajetan fordert von Luther, er solle seine Ansichten widerrufen, er solle seine Irrtümer nicht weiter lehren und er solle sich aller friedensstörender Umtriebe enthalten. Doch Luther sieht die Chance, seine Ansichten darzulegen und Cajetan in eine Diskussion zu verwickeln. Und das gelingt ihm, denn ihm gegenüber sitzt jemand, der nicht ausschließlich Machtinteressen vertritt, sondern Freude hat an intellektueller Herausforderung. Schnell dringen die Kontrahenten zum eigentlichen Kern der Sache vor. Als Cajetan im Bezug auf die 58. Ablassthese (in ihr ging es um die von Luther bestrittene Gewalt des Papstes, aus dem Schatz der Kirche Ablass auszuteilen) eine Bulle des Papstes Clemens VI. aus dem Jahre 1343 anführt als Beweis dafür, dass Luther sein Gegenargument unmöglich so stehen lassen könne, da betont Luther ohne Umschweife, eine kirchliche Bulle besitze für ihn nicht die Autorität wie eine Schriftstelle. Jetzt ist klar: Luther würde sich vom Papst oder seinen Adlaten nicht einschüchtern oder gar belehren lassen; er würde sich keiner kirchlichen Autorität beugen, die nicht ausdrücklich auf dem Boden der Heiligen Schrift steht. Mit einem Male und auch für Cajetan überraschend hatte Luther den Spieß umgedreht: Warum sollte er einer Autorität Folge leisten, die ihrerseits der über ihr stehenden Autorität nicht Folge leistete? Warum sollte er der Tradition gehorchen, wenn die Tradition der Schrift nicht gehorchte? Damit sind die Fronten geklärt, und es soll sich in der Folgezeit zeigen, dass es hinter diese Fronten kein Zurück mehr gibt. Die Begleiter Luthers ahnen, was sich hier anbahnt, und fordern ihn zu mäßigerem Vorgehen auf, aber in gewisser Weise sind die Würfel gefallen und Luthers Auftritt in Augsburg bleibt nicht ohne Folgen. Wenn auch – die Kaiserwahl ist immer noch nicht erfolgt – wieder mit einer für die Reformation erfreulichen Verzögerung. Mit allen Mitteln versucht die Kurie, Friedrich den Weisen auf die römische Seite, und das heiß gegen den Habsburger Karl zu ziehen. Der päpstliche Kämmerer Karl von Miltitz wird geschickt, mit Luther zu verhandeln und Friedrich für Rom ein Wohlwollen abzuringen; dazu überreicht Miltitz Friedrich die Goldene Tugendrose, eine der höchsten Auszeichnungen, die Rom zu vergeben hat – die aber beeindruckt Friedrich nicht sonderlich. Auch die Verhandlungen mit Luther verlaufen eher peinlich für Miltitz, sodass dieser letzte Versuch Roms, die Sache auf dem Verhandlungswege zu lösen, kläglich scheitert.

Inzwischen erhält Luther abermals Gelegenheit, seine Sicht der Dinge darzutun. Die Disputation in Leipzig, die vom 27. Juni bis zum 16. Juli dauert, ist als akademisches Streitgespräch geplant zwischen Andreas Bodenstein, genannt Karlstadt, als Theologieprofessor in Wittenberg Kollege Luthers und dessen reformerischen Ideen gegenüber nicht abgeneigt, und Johannes Eck. In dieser Diskussion soll es um die Frage des freien Willens in Heilsdingen gehen, ein Thema, das spätestens seit der Heidelberger Disputation im Jahr zuvor und Luthers abschmetternder Verneinung eines freien Willensvermögens gewissermaßen in der Luft lag. Für Karlstadt steht die Disputation unter dem denkbar ungünstigsten Stern: Auf der Fahrt zum Disputationsort kippt seine Kutsche, er wird verletzt und ist der Ansicht, dies könne nur ein schlechtes Omen sein. Das Desaster folgt dann auch tatsächlich auf dem Fuße. Karlstadt als typischer Buchgelehrter baut um sich seine halbe Bibliothek auf, um mit entsprechenden Zitaten seine Argumente zu stützen. Das ist langwierig und umständlich, provoziert seinen Kontrahenten Eck bis aufs Blut und stellt Karlstadt als dilettantisch und stümperhaft dar. Auch Luther wohnt diesem Trauerspiel bei – und handelt. Am 4. Juli nimmt er schließlich selbst das Heft in die Hand und beginnt mit Eck ein weitaus muntereres Wortgefecht. In der weiter gediehenen literarischen Auseinandersetzung mit Eck hatte Luther bereits im Mai Thesen vorbereitet, die er nun in die Debatte wirft. Recht schnell verlassen die Disputanten das Feld der menschlichen Willensfreiheit und wenden sich dem Problem zu, wer denn eigentlich Autorität in Fragen der Lehre hat. Geht es zunächst durchaus noch um die Frage, wie es um Ablass und Fegefeuerlehre steht, so bahnt sich in diesem Kontext – wie auch schon angedeutet im Streit um den Ablass 1517/18 – beinahe zwangsläufig das Thema an, welches Gewicht der päpstlichen Gewalt bei der Sündenvergebung zukommt. Luther steuert in Leipzig gleich auf den eigentlich neuralgischen und viel tiefer gehenden Punkt zu und spricht der römischen Kirche das Recht ab, über alles und alle erhaben zu sein. Päpste haben geirrt und sich weder an die Schrift noch an die Konzilsbeschlüsse der Alten Kirche gehalten. Das Papsttum ist eine historische Größe und keine, die immer schon, vor aller Zeit und Geschichte, beschlossen gewesen wäre; es ist fehlbar, dem Irrtum unterworfen und kann und darf von daher nicht den Anspruch erheben, über allem und allen anderen zu stehen. Sofort entbrennt eine heftige und hitzige Diskussion in Leipzig. Luther hat einen Nerv berührt. Und wenn man so will, treibt Eck ihn in der Debatte zur nächsten Pointe. Als Luther bestreitet, dem Papst eigne Gewalt nach göttlichem Recht (iure divino), entgegnet Eck, dies sei einer der Sätze des Johannes Hus gewesen, die das Konstanzer Konzil 1415 verdammt habe. Die subtile Mahnung Ecks: Wenn du nicht achtgibst, Mönchlein, dann ergeht es dir wie ihm, der für seine Ansichten als Ketzer verbrannt worden ist. Doch Luther lässt sich nicht beeindrucken. Im Gegenteil wendet er die Sache nicht ganz ohne Ironie: Wenn dieser Satz zu den verurteilten gehöre, dann beweise dies nicht die Häresie des Hus, sondern die Irrtumsfähigkeit auch von Konzilien. Denn es habe sich um einen Satz gehandelt, der dem Kern des Evangeliums entspricht. Mit dieser Äußerung nun stellt sich Luther vollends außerhalb der Kirche, scheint es. Nicht nur die Autorität des Papstes ist ernsthaft in Zweifel gezogen, sondern nun auch die der Konzilien. Wenn beide Autoritäten nicht frei sind von Irrtum und menschlicher Meinung – wie kann dann Klarheit über die Wahrheit herrschen?

Man kann wohl mit Luther auf diese Frage antworten: Wissen kann ich das nicht. Wohl kann ich gewiss sein, dass etwas wahr ist. Diese Gewissheit resultiert aus der Erfahrung des Trostes und der als Befreiung empfundenen Zusage und Verheißung. Insofern gibt es sie natürlich, die Wahrheit. Sie ist mir indes nicht verfügbar. Vielmehr muss ich immer wieder neu um sie ringen, neu an ihr und ihrer unbedingten Inanspruchnahme verzweifeln und neu von ihr getröstet werden. So verstanden habe ich Wahrheit also nicht. Sondern Wahrheit ereignet sich in der Relation Gott-Mensch. Wahrheit ereignet sich stets neu in meiner Erfahrung. Dies vorausgesetzt kann es aber keine Autorität geben, die mir sagte, was Wahrheit ist. Und dies auch noch ein für alle Mal und unumstößlich und – hier darf eine romkritische, aktuelle Note durchaus gehört werden – unfehlbar. Vielmehr müssen sich Christen im Gespräch stets neu um die Wahrheit bemühen und ihr zur Sprache verhelfen – im Bewusstsein, dass diese Sprache der Wahrheit nie bis ins Letzte hinein adäquat wäre. Die rechte Redeform dafür ist die assertorische Rede: eine Aussage, die von der Wahrheit, die sie bekennt, aufs gewisseste überzeugt ist und die zugleich den Dialog darüber eröffnet. In der Frage „Was ist Wahrheit?" (Dogmatik) und erst recht dann auch in der Frage „Was ist das dieser Wahrheit adäquate Verhalten?" (Ethik) wird dann nicht die kirchliche Lehrautorität entscheiden, sondern das Gewissen als der Ort, an dem die Begegnung zwischen Gott und Mensch geschieht, an dem sich diese Relation ereignet.

Nun hat sich Luther also gegen päpstliche und konziliare Autorität aufgelehnt und positiv die Heilige Schrift allein an deren Stelle gesetzt. Dass

ihn diese Haltung nun auch in einen offenen Konflikt mit der Kirche seiner Zeit bringen muss, aber durchaus auch mit denen, die sich als seine
Vorbereiter und Weggefährten bezeichnet hätten (zu denken ist vor allem
an die Humanisten, die bei aller Kritik an der Kirche diese jedoch selbst nie
in Zweifel gezogen haben), liegt auf der Hand. Ebenso liegt auf der Hand,
dass mit dieser Abgrenzung gegen alles bisher in der Tradition Gesagte ein
irreparabler Bruch mit eben dieser Tradition einhergeht und mit ihr – als
Konsequenz aus der Lehre der Rechtfertigung des Gottlosen – die Kirche
steht und fällt. Alles, was Luther in der Folgezeit über und gegen Rom und
seinen Bischof schreibt, selbst seine alles andere als versöhnliche Sicht, der
Papst sei der wahre Antichrist, sind in diesem Kontext zu lesen und als notwendige Folge des sola scriptura wie des sola fide auf der Basis des solus
Christus zu verstehen.

Aus dieser Grundsatzentscheidung, die Luther 1519 in der Leipziger
Disputation erstmals so formuliert, ergeben sich nun weitere Fragen und
Konsequenzen, die fundamental in das hineinführen, was Luther unter
„Kirche" versteht.

Das Priestertum aller Getauften

Die Ereignisse des Jahres 1520 können alles in allem als logische Konsequenz dessen betrachtet werden, was sich in den drei Jahren zuvor angebahnt hat. Mit der Wahl des Spaniers Karl zum Kaiser im Jahr 1519 waren
in politischer Hinsicht die Würfel gefallen, es brauchte keine Rücksicht
mehr genommen zu werden auf etwaige Empfindlichkeiten. Den Prozess
gegen Luther in aller Entschiedenheit wieder aufzunehmen, war der nächste, selbstverständliche Schritt für Rom.

Im Juni dieses Jahres macht daher Papst Leo X. auf seine Weise klar, dass
nun die Luthersache endgültig einer Klärung zuzuführen ist: Entweder der
Mönch widerruft – oder er wird als Ketzer den Weg gehen, der für Ketzer
vorgesehen ist: auf den Scheiterhaufen. Leo droht in der Bulle „Exsurge
Domine" Luther den Bann an, wenn er nicht endlich widerruft, und zählt
aus dem Zusammenhang gerissene Sätze des Reformators auf, die als ketzerisch gelten. Luther indes schert sich nicht darum, diese letzte Chance,
seine Haut zu retten, zu ergreifen. Im Gegenteil. Ungleich schärfer als zuvor zieht er gegen seinen Widersacher. Äußerlich demonstriert er seine
Missachtung des päpstlichen Autoritätsanspruchs mit der Verbrennung
der Bannandrohungsbulle am 10. Dezember vor dem Elstertor in Wittenberg. Viel nachhaltiger ist jedoch, dass er in Windeseile und als Antwort auf

die Bannandrohung Texte verfasst, die als programmatisch in die Geschichte der Reformation und des Protestantismus eingegangen sind. In unserem Zusammenhang von besonderer Bedeutung sind dabei die Adelsschrift und die Schrift „Von der babylonischen Gefangenschaft der Kirche". Während die erste endgültig und unmissverständlich die Autorität des Papstes verneint, widmet sich die zweite dem auf diesen Grundlagen fußenden Sakramentsverständnis.

Die Schrift „An den christlichen Adel deutscher Nation. Von des christlichen Standes Besserung" ist von erheblicher Brisanz, was sich daran zeigt, dass binnen weniger Wochen die erste, für damalige Verhältnisse hoch angesetzte Auflage vergriffen und eine zweite nötig ist, die ebenso rasch auf den Markt geworfen wird. Im Stil der Deutschen Gravamina (Beschwerdeschriften) ermahnt Luther den Adel, seiner Fürsorgepflicht nachzukommen und alles zu tun, damit die durch die kirchlichen Missbräuche eingerissenen Zustände endlich beseitigt würden. Das ist ebenso logisch wie raffiniert: Nachdem Luther in der Leipziger Disputation Papst und Konzil das Recht abgesprochen hat, in Glaubensdingen zu entscheiden, muss es jetzt wenigstens auf formalem Wege eine Instanz geben, die gewissermaßen über den Dingen steht. Und das ist die weltliche Obrigkeit, deren Hauptaufgabe es ist, für Ruhe und Ordnung zu sorgen und die christlichen Untertanen zu schützen. Zum anderen aber ist es sicher auch nicht ungeschickt von Luther, den gerade frisch gewählten Kaiser Karl anzusprechen und ihn, der sich als christlicher Kaiser versteht und dessen Aufgabe der Schutz der Kirche ist, bei seiner Ehre zu packen. Luther benennt drei Mauern, die das Papsttum und die römische Kirche im Laufe der Jahrhunderte um sich gezogen haben und die es einzureißen gelte. Die erste Mauer bestünde in der Behauptung, weltliche Gewalt habe kein Recht über den Papst; die zweite Mauer sei die Anmaßung der Auslegungsautorität; die dritte schließlich die, der Papst allein habe das Recht, ein Konzil einzuberufen. Mit anderen Worten: Die Mauern, mit denen sich das Papsttum vor jedem Angriff schützt, sind gebaut aus dem Exklusivitäts- und Absolutheitsanspruch des Papstes, der nichts und niemanden über sich als Autorität anerkennen muss.

Luther karikiert Rom und das Papsttum als uneinnehmbare Festung Goliath, der er, David Luther, furchtlos und fest im Glauben mit einer Steinschleuder entgegentritt. Und das gelingt deshalb so mühelos, weil diese Mauern im Grunde aus Papier sind. Gegenüber dem, was Luther bisher gegen diese Ansprüche ins Feld geführt hat, legt Luther aber nun einen neuen Stein in seine Schleuder: Die Zeit ist reif, nunmehr eine positive Antwort zu geben, was Papst und Bischöfe, was Rom und Konzilien sind, wenn nicht die Autorität, die zu sein sie vorgeben. Luther setzt ein neues Fundament, das sich zu einem regelrechten Schlagwort entwickelt: das Priestertum aller Gläubigen (oder: aller Getauften). Luther schreibt: „Man hat es erfunden, dass Papst, Bischof, Priester und Klostervolk der geistliche Stand genannt wird, Fürsten, Herrn, Handwerks- und Ackerleute der weltliche Stand. Das ist eine sehr feine Erdichtung und Trug. Doch soll niemand deswegen schüchtern werden, und das aus diesem Grund: Denn alle Christen sind wahrhaftig geistlichen Standes und es gibt unter ihnen keinen Unterschied außer allein des Amts halber, wie Paulus 1 Kor 12 sagt, dass wir allesamt ein Leib sind, doch ein jegliches Glied sein eigenes Werk hat, womit es den andern dient. Das alles macht, dass wir eine Taufe, ein Evangelium, einen Glauben haben und auf gleiche Weise Christen sind, denn Taufe, Evangelium und Glauben, die machen allein geistlich und ein Christenvolk." (6, 407/10–19) Die feine Unterscheidung Luthers von Stand und Amt besagt: Alle Christen sind geistlichen Standes. Und zwar deshalb, weil sie getauft sind und damit allesamt unter der Zusage des Evangeliums stehen. So – und nur so! – ist der Satz zu verstehen, vor Gott seien alle gleich. Dieser Satz kann so wunderbar missbraucht werden, dass man nicht deutlich genug auf seinen Geltungsbereich hinweisen kann. Vor Gott sind deswegen alle gleich, weil sie alle gleich Sünder und alle gleich Gerechtfertigte sind. Die Betonung umfasst zweierlei: Dieses „alle gleich" gilt vor Gott – nicht vor der Welt. Hierin lag das grobe Missverständnis, das vor allem die Bauern aus Luthers Lehre ziehen zu können meinten. Es geht eben gerade nicht um eine Gleichheit im politischen, sozialen und wirtschaftlichen Bereich. Hier gibt es weiterhin und berechtigterweise Unterschiede, die Luther in keiner Weise beseitigen will. Vor Gott jedoch spielt es keine Rolle, ob der Mensch als Fürst oder als Bauer Sünder ist. Er ist Sünder, das ist die einzige „Qualifikation", die er vor Gott auf den Tisch legen kann. Und ebenso gilt ihm, gleich, ob er Fürst oder Bauer ist, das Rechtfertigungswort. Jesus Christus hat den Kreuzestod nicht erlitten und ist nicht auferstanden für irgendwelche Stände, sondern für alle, die an ihn glauben. Insofern sind also alle, die an ihn glauben, geistlichen Standes, und sie sind in diesen Stand erhoben durch die Taufe. Das hat allerdings weitreichende Konsequenzen: „Denn was aus der Taufe gekrochen ist, das kann sich rühmen, dass es schon zum Priester, Bischof und Papst geweiht sei". (6, 408/11f.) „Aus der Taufe gekrochen sein" – nicht hoch erhobenen Hauptes und mit stolzgeschwellter Brust: „Seht her, ich bin ein Christ!" Sondern demütig und in der Erkenntnis seiner Erlösung allein durch Christus, allein durch Gnade, allein durch den Glauben kriecht der Mensch heraus und erblickt das Leben. Und diese Taufe ist es, die ihn zum Priester, Bischof, ja Papst macht. Darin besteht die wahre Weihe, dass da einer getauft ist. Nun müssen wir einen kurzen Seitenblick in das traditionelle Verständnis werfen, um zu verstehen, wie gewaltig Luthers Aussage wirklich ist. Die Weihe war – und ist es nota bene bis heute! – das Qualitätsmerkmal des geistlichen Standes. Mit der Weihe wurde die apostolische Sukzession (successio apostolica) gewährleistet, die ununterbrochene Reihung von den Aposteln bis zum gegenwärtigen Amtsinhaber. Und – und das ist das noch Entscheidendere daran – in der Weihe wurde dem Amtsträger ein unverlierbarer Charakter (character indelebilis) verliehen. Damit verbunden war und ist die alleinige Befugnis zur Sakramentsspendung. Nur der geweihte Priester darf die Heilsmittel, welche die Kirche verwaltet, spenden. Luther setzt dem ein fundamental anderes Verständnis gegenüber: Wenn jeder, der getauft ist, priesterlichen Standes ist, dann darf jeder die Sakramente spenden; wenn alle durch die Taufe Bischof sind, dann macht nicht die durch Handauflegung des Weihbischofs garantierte Weihe einen Priester zum Priester, nicht die apostolische Sukzession, sondern die successio fidei, die Nachfolge im Glauben.

Freilich macht Luther eine bedeutende und keineswegs zu ignorierende Einschränkung: „[…], obwohl es nicht einem jeglichen ziemt, ein solches Amt auszuüben. Denn weil wir alle in gleicher Weise Priester sind, darf sich niemand selbst hervortun und sich unterstehen, ohne unser Bewilligen und Erwählen das zu tun, wozu wir alle gleiche Gewalt haben. Denn was allgemein ist, kann niemand ohne der Gemeinde Willen und Befehl an sich nehmen." (6, 408/12–17) Die Erhebung in den geistlichen Stand durch die Taufe bewirkt also noch nicht, dass jemand auch Priester im Amt ist. Dazu gehört dann noch etwas anderes. Allerdings immer noch nicht die traditionelle Weihe, die aus dem Priester einen anderen Menschen macht, als er vorher gewesen ist. Sondern die Berufung (vocatio) und Einsetzung (ordinatio) in dieses sein Amt (ministerium).

Diese Unterscheidung hat zwei weitere fundamentale Konsequenzen. Zum einen hat die Beibehaltung des Amtes eine ordnende, regulierende Funktion. Nicht jeder, der geistlichen Standes ist, hat die Professionalität, auch ein geistliches Amt auszuüben. Denn genau diese gehört dazu, weil es im Amt um etwas nicht Geringes geht. Man muss als Inhaber eines geistlichen Amtes sein Handwerkszeug gelernt haben und beherrschen, damit nicht theologischem Unfug Tür und Tor geöffnet werden, wovon diese und die unmittelbar folgende Phase der Reformation trauriges Zeugnis ablegen. Ein professioneller Theologe muss in der Kunst des Unterscheidens zu Hause sein, vor allem des Unterscheidens von Geistern und Heiligem Geist, von Gesetz und Evangelium, von Freiheit und Notwendigkeit. Und diese Kunst will auch erlernt sein. Namentlich Luthers Weggefährten, allen voran Philipp Melanchthon, und seine Nachfolger werden es sein, die aus diesem Anspruch auf Professionalität ein Bildungsprogramm machen, das lange Zeit das deutsche Schul- und Universitätswesen prägen wird. Das zweite, was sich aus der Unterscheidung von Stand und Amt ergibt, ist die ebenso wichtige Unterscheidung von Person und Werk, auf die näher einzugehen Aufgabe der nächsten Kapitel sein wird.

Das Wesen der Kirche

Dass Kirche nicht nur das ist, was man von ihr sieht, ist eigentlich ein ziemlich beruhigender Gedanke. Kirche in einem weiteren Sinne ist also noch mehr und anderes als ihre institutionalisierte Erscheinungsform. Aber was?

In der 1520 erschienenen und an den Leipziger Franziskanertheologen Augustin von Alveldt gerichteten Schrift „Vom Papsttum zu Rom. Wider den hochberühmten Romanisten von Leipzig" formuliert Luther sehr genau die uns interessierende Unterscheidung. Es heißt dort: „[Wir wollen zwei Kirchen unterscheiden] Die erste, die natürlich, gründlich, wesentlich und wahrhaftig ist, wollen wir eine geistliche, innerliche Christenheit nennen; die andere, die gemacht und äußerlich ist, wollen wir eine leibliche, äußerliche Christenheit nennen. Nicht, dass wir sie voneinander scheiden wollen, sondern genauso wie ich von einem Menschen rede und ihn nach der Seele einen geistlichen, nach dem Leib einen leiblichen Menschen nenne." (6, 296/39–297/5) Einmal mehr haben wir es also hier mit dem dialektischen und für den Verstand nicht auflösbaren Zusammen zweier Größen zu tun. Die geistliche, unsichtbare und verborgene Kirche (ecclesia invisibilis oder abscondita) ist nicht zu trennen von der leiblichen, sichtbaren (ecclesia visibilis), wohl aber von ihr zu unterscheiden. Im wesentlichen, geistlichen Sinne ist Kirche nach Luther vor allem die communio sanctorum, die Gemeinschaft der Heiligen, d.h. nun konkreter und genauer: die Gemeinschaft der durch den Glauben an Jesus Christus Geheiligten. „Heilig" meint an dieser Stelle genau nicht eine besondere Heiligkeit, die der Mensch aus sich selbst aufgrund eines bestimmten Verhaltens etwa hätte, sondern meint die unverdiente Heiligung durch die Annahme in Christus. Der gerechtfertigte Gottlose ist heilig, weil Christus ihn in seiner Sünde gerechtfertigt und geheiligt hat. Insofern ist Kirche die Gemeinschaft derer, die an dieser Zusage durch Jesus Christus teilhaben. Insofern muss Kirche notwendigerweise immer mehr sein als ihre sichtbare Gestalt, denn eine solche Bestimmung schließt natürlich auch die

Christen z.B. in anderen Ländern ein, die nicht unmittelbar vor Augen sind. Dies schließt aber auch diejenigen ein, die nicht oder nicht mehr aktiv am Gemeindeleben teilnehmen, z.B. weil sie verstorben sind. Man muss sogar noch weiter gehen. Schließt man Luthers Lehre von den drei Ständen ein, wovon noch zu sprechen sein wird, dann bezeichnet „ecclesia" den relationalen Urstand des Menschen in seiner Beziehung zu Gott. In ihrer sichtbaren Gestalt hingegen ist Kirche notwendig ein Mixtum aus Heiligen und Sündern, ein gemischter Körper, ein corpus permixtum aus den Menschen, die Gerechtfertigte und Sünder zugleich sind. Vielleicht würden wir heute nicht von der verborgenen und der sichtbaren Kirche reden, sondern von *der* Kirche (im Singular) in Analogie zur unsichtbaren und von *den* Kirchen (im Plural) in Analogie zur sichtbaren Kirche. Dies würde zudem andeuten, dass Kirche in ihrer sichtbaren Gestalt in vielfältiger Form begegnen kann.

Das so zu formulieren hat weitreichende Konsequenzen. So kann etwa keine Kirche behaupten, sie sei besser als andere Gemeinschaften, weil in ihr reine und wahre Christen anzutreffen seien. Das ist insbesondere gegen jene zu lesen, die schon in der Reformationszeit, aber durchaus auch heute behaupten, in ihnen allein sei der Heilige Geist vermittelt und am Werke. Das gibt es nach Luther nicht. Es gibt für das Wirken des Heiligen Geistes keine Garantie und keinerlei anthropologische, institutionelle oder rituelle Voraussetzungen. Weder kann eine vermeintliche Reinheit den Geist zu seinem Werk zwingen noch eine vermeintliche Unreinheit ihn an seinem Werk hindern. Das zweite, was keine Kirche von sich behaupten kann, ist, dass in ihr allein der Leib Christi seine Verwirklichung gefunden hat und alle anderen Kirchen eben darum keine Kirche sind. Diese Aussage ist natürlich von höchster Bedeutung im ökumenischen Dialog unserer Tage, wo die römische Kirche eben genau diese einzige und wahre Kirchlichkeit in einem zentralen Dokument des 2. Vatikanischen Konzils (in der dogmatischen Konstitution „Lumen gentium") für sich selbst festlegt und bis heute so behauptet. Diese Behauptung und dieses Selbstverständnis der römisch-katholischen Kirche ist der Hauptgrund dafür, warum und dass es keine eucharistische Gemeinschaft mit den protestantischen Kirchen geben kann. Das dritte, was diese Aussage Luthers provoziert, ist: Es gibt eine Kirche der Heiligen – aber keine sichtbare heilige Kirche. „Kirche" ist mithin kein selbständiger Moloch, der zu fürchten oder zu meiden wäre, sondern Kirche ist lebendig in ihren Gliedern und in ihrem Haupt Jesus Christus.

Das Haupt der Kirche ist Jesus Christus, und zwar – und das ist jetzt etwas ganz Entscheidendes – das Haupt der sichtbaren wie der unsichtbaren

Kirche. Die Kirche ist sein Leib, die von ihm durch seinen Kreuzestod geheiligten Menschen sind seine Glieder. Die Aussage, Jesus Christus sei das Haupt der Kirche, wird allerdings dort pikant, wo Rom behauptet, der römische Bischof, der Papst sei das Haupt der Kirche. So hören wir es bis heute, ganz unverblümt und ungeschminkt, ja ganz arglos: Der Papst ist das Oberhaupt der Kirche. Das widerspricht der Luther'schen Fundamentaleinsicht, die sich auf das biblische Zeugnis gründet: Das Oberhaupt ist Christus allein. Er hat auch keinen Stellvertreter – die Bezeichnung „Stellvertreter Christi" (vicarius Christi) ist erst auf eine mittelalterliche Entwicklung zurückzuführen. Vielmehr ist der römische Bischof ein Diener des Wortes, ein Glied am Leibe Christi – nicht mehr und nicht weniger. Allenfalls kann der Papst, wie auch die Konzilien, die Kirche repräsentieren – aber er *ist* nicht die Kirche.

In diesem Kontext ist auch zu verstehen, wenn Luther die Kirche als „creatura Evangelii" (2, 430/6f.), als Geschöpf des Evangeliums bezeichnet. Darin verdeutlicht er die Grundstruktur auch der Kirche als gesetzlich und evangelisch zugleich. Mehr noch aber wird in dieser Aussage ersichtlich, dass Kirche eben nicht ein Zuwenig an Reich-Gottes-Gegenwart ist, sondern auch und gerade in ihrer sichtbaren Gestalt Teil der Verheißung. Dem bekannten Satz „Jesus verkündete das Reich Gottes, und was kam, war die Kirche" wird so die Spitze abgebrochen. Wenn nämlich die Kirche ein Geschöpf des Evangeliums ist, dann deshalb, weil Christus ihr Haupt und sie als solches Geschöpf Trost für den Glaubenden ist. Kirche ist so verstanden dann der Ort der Vergegenwärtigung der Christusbotschaft und insofern das Angeld auf das kommende Reich Gottes. Und nur insofern kann die seit Kirchenvater Cyprian oft missbrauchte Formulierung „außerhalb der Kirche kein Heil" (extra ecclesiam nulla salus) recht verstanden werden. Dieser Satz macht überhaupt nur Sinn, wenn er auf Christus als das Haupt der Kirche hin interpretiert wird. Sodass eigentlich und richtig formuliert werden müsste: extra Christum nulla salus. An Christus hängt das Heil. Und insofern – und es ist zu betonen: nur insofern – hängt an der Kirche das Heil, als ihr Haupt Christus ist und ihre Aufgabe einzig und allein darin besteht, sein Evangelium zu bezeugen. Daher kann und muss im Glaubensbekenntnis sehr wohl gesagt werden: Ich glaube an die heilige, christliche Kirche.

Freilich muss man die wahre von der falschen Kirche unterscheiden können. Es gibt durchaus Gemeinschaften, die in diesem Sinne nicht evangelisch sind, weil ihr Haupt nicht Jesus Christus ist. Dieser Umstand provoziert die Frage, woran denn wahre Kirche erkennbar ist. Namentlich in der Reformationszeit gab es etliche Gruppierungen und Gemeinschaften, die einen Kirchenbegriff postulierten, der in krude Missverständnisse und Irrwege zu führen drohte. Die sogenannten Schwärmer, zu denen man so gut wie alles zählen konnte, was sich „links" von der Reformation Luthers bewegte, hielten sich sehr wohl für Kirche; jedoch war klar ersichtlich, dass ihr Haupt nicht Christus, sondern allenfalls der Heilige Geist, meistenteils jedoch ein selbst ernanntes Haupt war (man denke etwa an die Wiedertäufer in Münster). Besonders in der Auseinandersetzung mit diesen schwärmerischen Gruppen als auch in der mit Rom und dem Primatsanspruch des römischen Bischofs sieht sich Luther gezwungen, deutliche Kriterien zu benennen, an denen erkennbar ist, wo Kirche und wo wahre Kirche zu finden ist.

In dem frischen Streit mit Rom formuliert Luther 1520 drei Kennzeichen der Kirche (notae ecclesiae): Taufe, Abendmahl und Evangelium. Nicht der Ort Rom oder irgendein Gebäude oder was auch immer man sich sonst vorstellen mag, sondern die beiden Sakramente und das Wort. 1539, in der Schrift „Von Konziliis und Kirchen", spricht Luther von sieben Zeichen: Wort Gottes; Taufe; Abendmahl; Schlüsselgewalt; Berufung und Ordination; Gebet, Lob und Dank gegen Gott; Erleiden des Kreuzes und Anfechtung. Noch einmal zwei Jahre später, 1541, in der Schrift „Wider Hans Worst" bringt Luther es sogar auf elf Kennzeichen: Taufe; Abendmahl; Schlüsselgewalt; Predigtamt und Wort Gottes; apostolisches Glaubensbekenntnis; Vaterunser; die Ehre gegen die weltliche Obrigkeit; Lobpreis des Ehestandes; Leiden der rechten Kirche; Verzicht auf Rache für die Verfolgung; das Fasten in neuer Gestalt. Hier kann man schön die Entwicklung verfolgen, die Luthers Verständnis nimmt. Verstärkt wendet er sich der konkreten Gemeindesituation zu, die bestimmte Erfordernisse hat und Klarheit braucht. Insbesondere in einer Situation, in der immer mehr Gemeinden entstehen und es eines festen Rahmens bedarf, innerhalb dessen dann auch Individualitäten und Besonderheiten Raum haben können und dürfen. Bei all der Ausweitung allerdings kann man doch auch eine Grundstruktur erkennen, die wiederkehrt und offensichtlich unantastbar und unverrückbar für Luther ist: das Wort Gottes, vermittelt in der Predigt, allem anderen vorangestellt, und die beiden Sakramente Taufe und Abendmahl. Tatsächlich entwickeln sich diese beiden notae: Wort (verbum) und Sakrament (sacramentum) in der Tradition zu den beiden Kennzeichen, die für das Erkennen von Kirche unabdingbar sind. Die Confessio Augustana, der von den Evangelischen 1530 auf dem Augsburger Reichstag dem Kaiser übergebene Bekenntnistext, formuliert im 7. Artikel, die beiden Kennzeichen der Kirche seien der rechte Gebrauch des Wortes in der reinen Lehre (pure docetur) und die rechte Darreichung der

Sakramente (rite administrantur). Das entspricht der Vorstellung Luthers: Dort, wo das Wort in rechter Weise gelehrt, und dort, wo die Sakramente in rechter Weise verwaltet und dargebracht werden, ist Kirche.

Damit ist der Rückbezug auf Christus als Stifter und Haupt der Kirche ebenso klar bezeugt wie die Frage provoziert, ob die römische Kirche (mindestens die zeitgenössische römische Kirche) dann wahre Kirche ist. Luther stellt diese Frage tatsächlich und beantwortet sie sogleich negativ: Da in der römischen Kirche diese notae nicht zu finden seien, ist dort auch die wahre Kirche nicht zu finden. Von dort aus und weil sich der Papst als unbelehrbar und verstockt erweist, ist es für Luther völlig legitim, ja mehr noch: es ist um der Sache des Evangeliums willen notwendig, den Papst als Antichrist zu bezeichnen. Das Entscheidende daran ist nicht so sehr die Polemik gegen Rom und das römische Papsttum, sondern dass natürlich auch protestantische Kirche, dass alle Kirchen sich diesem Kriterium unterwerfen müssen und ständig an sich überprüfen müssen, ob die notae in ihr gewahrt sind.

An den notae des späten Luther sind zwei Elemente besonders bemerkenswert: die Verfolgung und – dem korrespondierend – der Verzicht auf Rache sowie die Anfechtung. Abgesehen davon, dass hinsichtlich des Leidens sehr genau darauf zu achten ist, aus der Not keine Tugend zu machen, ist ein bestimmtes Verhalten von Kirche in der Öffentlichkeit und der gesamtgesellschaftlichen, auch politischen Diskussion ein Kriterium für Kirche. Kirche in ihrer sichtbaren Gestalt kann und darf sich nicht „heraushalten", sie muss einen Standpunkt beziehen, und ganz offensichtlich ist dieser Standpunkt nicht beliebig. Nichtsdestoweniger muss sie sich bewusst bleiben, dass sie ein corpus permixtum ist und als solches Irrtümern unterworfen und fehlbar bleibt, auch und gerade in ihrem ethischen Verhalten. Die nota „Anfechtung" nimmt dieses Element auf, übersteigt es aber zugleich auch in die Richtung, dass Kirche kein friedliches Paradies und der ewige Seelenfrieden nicht mit der Taufe gleich mit gespendet ist. Zur Kirche gehört der innere und äußere Tumult, wie Luther nicht müde wird zu betonen.

Die Tatsache von äußeren Erkennungszeichen von sichtbarer Kirche weist auf einen weiteren Punkt. Es gibt demnach offenbar viele Elemente, an denen das Heil nicht hängt. So ist es für das Heil nicht entscheidend, ob man zur Predigt auf eine Kanzel steigt oder an ein Lesepult tritt; es ist gleichgültig, ob der Talar schwarz ist oder der Pfarrer eine weiße Albe mit liturgisch passender Stola trägt; es kann trefflich darüber gestritten werden, ob das Abendmahl unter einer oder unter beiden Gestalten, also nur mit Brot oder mit Brot und Wein gereicht werden muss. All diese Debatten können und müssen geführt werden – allerdings nicht mit der Androhung, der ein oder andere Gebrauch führe unweigerlich zum Verlust der Seligkeit. Wer so etwas bei solchen und ähnlichen Fragen behaupte und einfordere, hat, so Luther, nicht begriffen, worum es wirklich geht. Der streite um zum Heil unnötige Mitteldinge (Adiaphora), die freilich im Gebrauch der Gemeinde wichtig genug sein können. Auch sie unterliegen keiner Beliebigkeit, sondern einem freien Gebrauch. Zu diesen Mitteldingen gehört auch die Frage nach der kirchlichen Struktur, und das hat u. a. Auswirkungen auf Luthers Stellung zum päpstlichen Primatsanspruch.

Luthers Verhältnis zu den Päpsten, die er erlebt hat, im Besonderen und zum römischen Bischofsamt im Allgemeinen gehört sicher zu den schwierigsten Themen. Und zwar nicht zuletzt deshalb, weil seine Aussagen scharf, pointiert und verletzend, ja polemisch sind. An dem Wort vom Papst als Antichrist führt kein Weg vorbei; und die Meinung Luthers, neben Rechtfertigungslehre, Abendmahlsverständnis und Mönchsgelübden sei das Papstamt das vierte Thema, in dem es auf ewig mit Rom keine Übereinstimmung geben werde, bremst nicht nur unsere ökumenischen Hoffnungen beinahe vollends aus, sondern führt uns vor Augen, um was für ein wichtiges Thema es sich dabei handelt. Das erklärt auch die Kompromisslosigkeit Luthers. Der Papst ist, wenn er sich absolut versteht, wenn er sich die Autorität der Schriftauslegung anmaßt und wenn er sich als das Oberhaupt der Kirche bezeichnet, mit der Schrift und mit Jesus Christus in eine Konkurrenz getreten, die ihm in keiner Weise zusteht. Die Schrift legt sich selbst aus, das Haupt der Kirche ist Christus, der Papst ist vielleicht in organisatorischer Hinsicht als Oberhaupt zu dulden, aber keineswegs ist seine Macht absolut. Der römische Bischof ist ein Bischof wie jeder andere, seine gesamte Autorität ist ein Gewächs der Historie, das überdies noch viele Opfer gefordert hat; sie ist eine Autorität, die der wahren Autorität, die dem sola scriptura und dem solus Christus gegenübersteht. Insofern ist es nach Luther nicht nur rechtmäßig, den Papst als Antipoden Jesu Christi anzuklagen; es ist darüber hinaus und vor allem Aufgabe der Christen, gegen diesen Antichristen mit aller Macht und mit allen erlaubten Mitteln sowie mit Unterstützung der weltlichen Obrigkeit zu kämpfen.

Wenn nun überhaupt über kontroverse Themen der Theologie debattiert und entschieden werden soll, dann ist nach Luther die rechte Appellationsinstanz ein Konzil. Freilich kann auch ein Konzil irren, und daher sind auch seine Entscheidungen kritisch zu reflektieren. So fordert Luther konsequent seit 1518, ein Konzil möge sich der Streitsache annehmen und eine Lösung finden. Dass sich die Protestanten in der Folgezeit mehr oder weniger hartnäckig weigern, ein Konzil zu beschicken, ist dazu kein Widerspruch, denn jedesmal hat ein Papst das Konzil einberufen, und damit gilt dieses Konzil in den Augen der Evangelischen als unfrei. Sie fordern dagegen ein freies Konzil, welches jedoch nicht zustande kommt. So bleibt die römische Kirche für Luther und weite Teile der protestierenden Stände das Gegenüber, das es um der Sache willen zu bekämpfen gilt.

Die Sakramente

In der zweiten großen Schrift des Jahres 1520 setzt sich Luther mit dem Sakramentsverständnis der römischen Kirche auseinander. Das ist nach diesen grundsätzlichen Überlegungen kein Zufall, denn bis in unsere Tage hinein erweist sich, wie dieses Thema sozusagen zum Testfall der ökumenischen Bemühungen und zum Prüfstein angeblicher Übereinstimmungen in Grundwahrheiten avanciert ist. Die gegenseitige Anerkennung der Taufe ist formal erst jüngst dokumentiert worden; und wie sehr die Verunmöglichung eines gemeinsamen Abendmahls seitens der römisch-katholischen Kirche die Beziehungen belastet – bis hinein in die privaten Beziehungen konfessionsverschiedener Ehen – muss kaum eigens erwähnt werden. An dieser Hartnäckigkeit in der Diskussion beim Thema Abendmahl/Eucharistie zeigt sich, wie sehr diese Frage abhängt von der noch fundamentaleren nach Amt und Stand, nach Kirche, nach Rechtfertigung.

Luther erkennt sehr genau, dass es in der Frage nach den Sakramenten um sehr viel mehr geht als um deren äußeren Gebrauch. So klärt er ganz grundsätzlich, was ein Sakrament zum Sakrament macht: „Daran erkennen wir, dass in jeder Verheißung Gottes zwei Dinge vorgelegt sind: Wort [verbum] und Zeichen [signum], sodass wir unter Wort das Testament verstehen sollen, unter Zeichen aber das Sakrament, wie in der Messe das Wort Christi das Testament ist, Brot und Wein das Sakrament sind. Und wie die Kraft im Wort größer als im Zeichen ist, so ist sie im Testament größer als im Sakrament. Denn der Mensch kann das Wort oder Testament haben und es gebrauchen ohne das Zeichen oder Sakrament." (6, 518/13–19) Das Wesentliche und Entscheidende am Sakrament ist mithin allein das Verheißungswort Jesu Christi, das in der Einsetzung zum sprachlichen Ausdruck kommt. Im Wort, dem schöpferischen, lebendig machenden und am Leben erhaltenden Wort liegt allein die Verwandlungs- und Trostkraft, während das Sakrament im engeren Sinne als das äußere Zeichen das Siegel auf das ist, was Christus als Unterpfand seiner Wiederkunft hinterlassen hat. Das widerspricht der traditionellen Auffassung, das Sakrament wirke aus dem Vollzug heraus (aus dem gewirkten Werk, ex opere operato), im Kern. Christus allein ist in diesem Vollverständnis des Wortes „Sakrament", wohingegen Taufe, Abendmahl und Buße sakramentale Zeichen darstellen. Luthers Kritik an der seit dem Hohen Mittelalter bestehenden Siebenzahl der Sakramente (Taufe, Firmung, Buße, Eucharistie, Ehe, Priesterweihe, Letzte Ölung/Krankensalbung) hat darin seinen Grund: Allein Taufe und Abendmahl können ein äußeres Zeichen und das dieses Zeichen zum Sakrament machende Verheißungswort vorweisen. Der Ehe etwa, so nötig, sinnvoll, fruchtbar und segensreich sie auch ist, fehlt doch nach biblischem Zeugnis das Verheißungswort; auch die Krankensalbung kann durchaus nötig und wichtiger Bestandteil pastoraler, seelsorglicher Praxis sein – für das Heilsgeschehen jedoch ist sie irrelevant. Ein Mensch wird heil durch die Spendung der Taufe und die leibliche Erfahrung des gespendeten Heils im Abendmahl; er kann jedoch getrost auch als „Single" ins Himmelreich gelangen und ohne von einem Priester vorbereitet zu werden. Noch einmal: Das alles können ganz virulente Elemente pastoraler Praxis sein und für den Einzelnen Zuwendung und Trost bedeuten. Heilswirksam sind und bleiben aber allein Taufe und Abendmahl.

Die Sakramente, die den Menschen auf dem Weg durch das Leben als Vergegenwärtigungen des zugesagten Heils begleiten sollen, seien, so Luthers Vorwurf an die Kirche seiner Zeit, über die Jahrhunderte in Gefangenschaft gewesen, weil sie dem Menschen so, wie sie gehandhabt wurden, eben genau nicht zum Heil gereichten, denn immer wurde das Zeichen über das Wort gesetzt und somit die im Sakrament liegende Zusage Gottes an die Glaubenden tatsächlich ein Mysterium: Es wurde nämlich ins Verborgene gerückt, was Gott doch ganz ans offenbare Licht gebracht haben wollte. Entweder wurde nämlich die Zusage hinter scholastischen Distinktionen versteckt; oder es wurde gar das Zeichen verborgen gehalten, indem etwa das Abendmahl nur unter einer Gestalt gereicht wurde. Das eine sei, so Luther, so absurd wie das andere, und es sei oberste Christenpflicht, die Sakramente aus ihren Gefangenschaften durch die Kirche zu befreien.

In diesem Zusammenhang entwirft Luther nun auch positiv, was er unter den beiden Sakramenten Taufe und Abendmahl verstanden haben will. Die Taufe ist danach als Erfahrung von Tod und Auferstehung ein das ganze Leben andauernder Akt (semper), als sakramentaler Akt aber einmalig und unwiederholbar (semel). Eine Wiedertaufe oder eine Tauferneuerung sind theologisch völlig unnötig und führen das Kreuzesgeschehen, in dem alles ein für allemal geschehen ist, ad absurdum. Auch das Ablegen von Gelübden, das Anziehen des Ordensgewandes und die Annahme eines neuen Namens im Kloster, die durchaus so etwas wie eine neue Taufe darstellen sollen, sind daher abzulehnen. Denn das Kreuzesgeschehen ist es, das in der Taufe der Person unverlierbar eingeprägt wird. Luther ist genau darum ein Verfechter der Kindertaufe, weil nirgends überzeugender als am Kind, das noch nicht einmal sagen kann „Ich glaube", die Rechfertigung des Gottlosen, die Gerechtsprechung dessen, der von sich aus nichts, wirklich gar nichts vorweisen kann, deutlich wird. Am liebsten wäre es Luther, wenn der Täufling dann auch ganz untergetaucht würde, denn so würde das Absterben und Neugeborenwerden am klarsten sichtbar und erfahrbar. Vor allem in Auseinandersetzung mit den Täufern betont Luther immer mehr die Bedeutung der Kindertaufe. Denn das Aussprechen des „Ich glaube" kann nicht Bedingung dafür sein, dass Gott seine Zusage am Menschen wirksam werden lässt; das widerspräche dem biblischen Befund und dem, was im Kontext der Rechtfertigung auf der Basis dessen zu sagen ist. Und es leuchtet ein: Genauso wenig, wie man sich entscheiden kann, sich zu verlieben oder nicht, so wenig kann man sich für oder gegen Gott entscheiden. Die Taufe ist das Siegel, das Gott dem Menschen einprägt – nicht die Eintrittskarte, die der Mensch lösen könnte oder auch nicht.

Das Abendmahl sieht Luther in mehrerlei Hinsicht in großer Gefahr. Die Tatsache etwa, dass es nur unter einer Gestalt (sub una specie) dargereicht wird, ist für ihn ein Zeichen dafür, wie wenig die Altgläubigen vom Sakrament wirklich verstanden haben. Denn mit welcher Begründung wird eines der beiden Zeichen zurückgehalten? Das Entscheidende sei, dass die Einsetzungsworte davon sprächen, das Abendmahl unter beiderlei Gestalt (sub utraque specie), also unter Brot und Wein, darzureichen. Luther lässt hier wie auch bei anderen Dingen eine bestimmte Freiheit gelten: Es sei nicht zwingend, das Abendmahl unter beiden Gestalten zu reichen, denn davon hingen Heil und Unheil nicht ab; es sei aber zum Unheil gereichend, wenn man umgekehrt die Darreichung unter einer Gestalt vorschreibe. Weitreichende Folgen hatte Luthers exegetisch begründetes, unbedingtes Festhalten an der Realpräsenz. Leib und Blut Jesu Christi nicht als real in den Elementen Brot und Wein anwesend zu denken, zu glauben und zu bekennen, das kommt ihm als Verrat am Zeugnis der Schrift vor. Diese reale Anwesenheit hat ihren Grund jedoch nicht darin, dass der Priester kraft der ihm verliehenen Würde die Elemente gewandelt hätte (Transsubstantiation), sondern weil die Einsetzungsworte diese Realität verheißen und in dieser Verheißung Realität sind (Konsubstantiation). Über diese Frage der Realpräsenz gerät er mit Ulrich Zwingli, dem Reformator Zürichs, in heftigen Streit. Nach längeren literarischen Auseinandersetzungen zwingt Philipp, Landgraf von Hessen und neuer Stern am reformatorischen Himmel, die beiden Kontrahenten 1529 in Marburg an einen Tisch, um eine Spaltung innerhalb der Reformation zu verhindern. Ohne Erfolg. Luther vertritt ebenso hartnäckig das reale Verständnis wie Zwingli das symbolische. Es wird deutlich, welche Bedeutung die Zwei-Naturen-Lehre in diesem Zusammenhang hat. Während Luther eine communicatio idiomatum naturarum (Austausch der Eigenschaften) vertritt: Der Mensch Jesus hat Teil an den Eigenschaften des Gottes Christus und umgekehrt, geht Zwingli von einer Alloiosis aus, d.h. von einem sprachlichen Mittel, das es ermöglicht, von der einen Natur zu reden, aber die andere zu meinen. Daher beruft Luther sich auf das ungemischte, ungetrennte, unverwandelte, ungeschiedene Zugleich der göttlichen und menschlichen Natur Jesu Christi, das auch nach seinem Kreuzestod gilt und Christus ermöglicht, in die Elemente Brot und Wein zu kommen (Ubiquität); Zwingli hingegen kann sich nicht vorstellen, dass die göttliche Natur, welche zur Rechten des Vaters im Himmel sitzt, in die Elemente zurückkehrt. Der Streit zwischen dem Wittenberger und dem Zürcher ist nicht zu schlichten, und trotz späterer Einigungsversuche wird es nicht gelingen, die Spaltung der Reformation in einen lutherischen und einen reformierten Zweig aufzuhalten.

Auch dieser letzte Punkt verdeutlicht noch einmal, wie Luthers Äußerungen zum Kirchenbegriff und zur Gestalt und Gestaltung von Kirche als so etwas wie die Verbindungsstelle zwischen akademischem Disput und öffentlicher Debatte, aber auch zwischen wissenschaftlich-abstrakter Überlegung und praktisch-konkreter Umsetzung zu verstehen sind. In der direkten Auseinandersetzung mit Rom gewinnen die Erfahrung der Rechtfertigung des Gottlosen und alles, was wir mit dem Schlagwort der Relation auf den Punkt zu bringen gesucht haben, deutlichere Konturen und Gestalt. Grundzug dieser Konturen und dieser Gestalt ist das radikale und bedingungslose Anvertrauen an Jesus Christus, den Erlöser und Tröster, der die Herzen gewiss macht, der darum alleinige Autorität im Leben des Gläubigen beanspruchen kann und – wie es viel später der Heidelberger Katechismus formulieren wird – einziger Trost im Leben und im Sterben ist. Dieser relational bestimmte Grundzug profiliert schließlich auch die dritte Hauptschrift des Jahres 1520, die in noch einmal ganz anderer Hinsicht, aber in unbedingter Konsequenz des bisher Gesagten die rechtfertigungstheologischen Grundzüge der Theologie Luthers zum Klingen bringt.

Freiheit und Verantwortung – Luthers Person- und Weltverständnis als Ausdruck einer radikalen Christologie

„Alle Menschen sind frei und gleich an Würde und Rechten geboren." So beginnt Artikel 1 der Allgemeinen Erklärung der Menschenrechte. Freiheit, das ist jedem klar, ist ein unbedingt zu bewahrendes, zu schützendes und unverzichtbares Gut. Würde, Recht, Gleichheit und Freiheit – das sind vier Begriffe, die offenbar nicht voneinander zu trennen sind und einander bedingen.

Wer sich wissenschaftlich mit den Menschenrechten auseinandersetzt, der wird erkennen müssen, dass diese weder einfach so da sind noch von den US-Amerikanern erfunden wurden (zwei Fehleinschätzungen, die leider alles andere als unüblich sind), sondern dass an deren Geist jedenfalls die Reformation nicht unschuldig war. Die Reformation und allen voran Martin Luther haben einen Freiheitsbegriff geprägt, der das, was unter diesem Begriff neuzeitlich zu fassen ist, begründet. Um so wichtiger ist, genau darauf zu achten, was Luther gemeint hat, wenn er von Freiheit sprach. Und noch viel wichtiger, darauf zu schauen, was er nicht gemeint hat.

Freiheit des Gewissens

Zwei grundsätzliche Elemente christlicher Freiheit hat Luther 1520 schon behandelt – das der Freiheit des Christenmenschen von der angemaßten Autorität des Papstes und das der Sakramente von den Fesseln einer sich über Christus erhebenden Kirche –, bevor er sich noch grundsätzlicher, noch fundamentaler um den Freiheitsbegriff kümmert in der dritten großen Schrift des Jahres: „De libertate Christiana" – „Von der Freiheit eines Christenmenschen". Noch deutlicher als die Adelsschrift und als „Von der babylonischen Gefangenschaft der Kirche" benennt sie Einsichten, die Anspruch auf Gültigkeit auch über die konkrete Auseinandersetzung hinaus erheben, und so wird sie zu derjenigen, die wohl – jedenfalls in der deutschen Fassung – neben der Bibelübersetzung die breiteste Wirkung über die Reformationszeit hinaus gehabt hat.

Gleich zu Beginn legt Luther den Grundstein, auf den sich der gesamte Text stützt: „Damit wir gründlich erkennen, was ein Christenmensch und was es um die Freiheit ist, die ihm Christus erworben und gegeben hat, wovon Sankt Paulus viel schreibt, will ich diese zwei Thesen setzen: Ein Christenmensch ist ein freier Herr über alle Dinge und niemandem untertan. Ein Christenmensch ist ein dienstbarer Knecht aller Dinge und jedermann untertan." (7, 20/25–21/4) Das klingt paradox. Und genau das ist es auch. So scheinbar widersprüchlich, wie der Mensch eben ist. Denn das ist das Revolutionäre, das Neue, das, was in keinem theologischen System bisher gesagt werden konnte: Der Mensch selbst ist ein Mensch im Widerspruch! Er ist nicht gut oder schlecht, er ist nicht Freier oder Knecht, er ist nicht Sünder oder gerecht – er ist immer beides zugleich und beides ganz und gar. Im Menschen selbst ist der Grundriss zwischen Himmel und Hölle anzutreffen, zwischen Gottesnähe und Gottesferne, und es ist nicht so, dass er sich für das eine und gegen das andere frei entscheiden könnte. Sondern solange er in diesem irdischen Leben weilt, solange wird er in und mit dieser Spannung leben, hin- und hergerissen zwischen Anfechtung und Trost, Knechtschaft und Freiheit.

Was immer noch zu den beiden Thesen im Einzelnen erläuternd hinzugefügt werden wird, entscheidend ist der Vorsatz: Wie das Leben, wie die Gerechtigkeit, wie die Gnade dem Menschen unverfügbar sind und außerhalb seines Willens-, Einfluss- und Wirkungsbereichs liegen, so auch die Freiheit. Alles, was der Mensch ist und hat, das kommt ihm als Geschenk Christi von außen zu. Erkennt er dies im Glauben, dann ist er wahrhaft getröstet und frei. Ohne Christus, so sagt es der Text unmissverständlich, bleibt Freiheit eine leere Vokabel, die niemandem etwas nützt. Freiheit ist nur Freiheit im Vollsinne des Wortes, wenn sie als von Christus geschenkte erfahren wird. Das allein schon ist eine ungeheure Aussage. Und zwar in mindestens zweierlei Hinsicht. Zum einen in theologischer: Freiheit ist durch nichts zu erkaufen oder zu erzwingen; entgegen allen traditionellen Vorstellungen ist Freiheit ein in der Gottebenbildlichkeit verheißenes Gut, das unverlierbar ist und im Glauben neu vergewissert wird. Zum anderen aber in politischer; auch hier gilt: Freiheit ist durch nichts zu erkaufen oder zu erzwingen. Wohl ist Freiheit etwas, für das unbedingt einzustehen und notfalls zu kämpfen ist. Im Letzten aber ist sie ein Geschenk, das es dankbar anzunehmen und zu bewahren gilt. Und das Entscheidende: Wird Freiheit zuerst und zuvorderst theologisch in Luthers Sinn definiert, dann wird deutlich, wie die in diesem Leben, in dieser Wirklichkeit zu erringende Freiheit nur ein Schatten dessen sein kann von dem, was Freiheit in Wahrheit bedeutet. Das muss sensibel machen: Dort, wo Politik und Politiker vollmundig von Freiheit reden, da hat die Theologie – wie in anderen Bereichen auch – ihr Wächteramt wahrzunehmen und dieser Wirklichkeit mit ihrer Wahrheit zu begegnen.

Diese von Christus dem Menschen in all seiner Unfreiheit geschenkte Freiheit macht den Menschen zu einem Unfreien und Freien zugleich. Diese Spannung dekliniert Luther im folgenden Text durch, indem er andere Attribute hinzufügt: Der freie Mensch ist der innere, der geistliche, der neue; der dienstbare Mensch ist der äußere, der leibliche, der alte. Alles, was den freien Menschen charakterisiert, kann mit dem Begriff der Seele wiedergegeben werden, ebenso wie mit dem Begriff des Leibes alles das zusammengefasst werden kann, was den dienstbaren Menschen ausmacht. Wieder ist das alles Entscheidende, dass der Mensch nicht im Entweder-Oder existiert, sondern in der dialektischen Spannung des Zugleich: Er ist innerlich und äußerlich, neu und alt, geistlich und leiblich, Seele und Leib, beides zugleich und ganz und gar. Das hat weitreichende Konsequenzen. Entgegen der Tradition ist der Leib nichts, dessen es sich zu entledigen, das es zu kasteien oder zu ignorieren gilt. Im Gegenteil: Tut der Mensch dies (z.B. in der Askese, im Zölibat), dann verleugnet er eine von Gott gewollte und ebenso wie das Gegenüber beschützte und behütete Dimension seiner irdischen Existenz.

Was aber bedeutet nun die Freiheit des inneren Menschen genau? Luther gibt darauf eine klare Antwort: „Einer einzigen Sache und dieser allein bedarf es zum Leben, zur Gerechtigkeit und zur christlichen Freiheit: Dies ist das hochheilige Wort Gottes, das Evangelium Christi." (7, 50/33–35) Das unverwechselbare Wort Gottes ist der Grundstein für alles. Wer das Wort Gottes nicht hat, dem nützen alle äußeren Dinge nichts, dessen Leben ist verwirkt, verhaftet in der Abkehr von Gott, geknechtet, ja sklavisch. Denn die Kraft, das Wesen dieses einen Wortes liegt darin, dass es ein „Wort des Lebens, der Wahrheit, des Lichtes, des Friedens, der Gerechtigkeit, des Heils, der Freude, der Freiheit, der Weisheit, der Tugendkraft, der Gnade, des Ruhmes und jedes [anderen] Gutes" (7, 51/2f.) ist. Jedes nur erdenkliche Gut, alles, was irgend zählt, alles, was einen Wert hat, das hat diese Güte, diesen Wert aus dem Wort Gottes, welches in Jesus Christus Fleisch geworden ist. Das Wort Gottes zu „haben" aber heißt nichts anderes als ihm zu glauben, ihm zu vertrauen. Im Hören auf dieses Wort, das sich so fundamental von allen anderen Wörtern unterscheidet, wird der Mensch wahrhaft frei. Freiheit also ist Freiheit im Glauben, und das wiederum heißt nichts anderes als: Freiheit vor Gott. Im Forum Gottes (coramDeo) gilt diese unbedingte und durch nichts und niemanden einzuschränkende Freiheit. Der Glaubende ist, wie bereits festzustellen war und was Luther in diesem Traktat wiederholt, nicht genötigt, gute Werke als Erfüllung des Gesetzes zu verrichten, er ist frei von der Last, das tun zu sollen, was er nicht kann. Luther drückt das, was hier geschieht, mit einem wunderbaren Bild aus, das Anhalt an den mystischen Betrachtungen des Bernhard von Clairvaux hat: Die Seele, von der wir nun wissen, dass sie den inneren Menschen bezeichnet, und Christus verhalten sich zueinander wie Bräutigam und Braut. Sie werden einander verlobt – d.h. einander versprochen, und in diesem Versprechen werden die Eigenschaften Christi zu denjenigen der Seele und die Eigenschaften der Seele zu denjenigen Christi. Es findet ein heilsamer Wechsel statt: Weil Jesus Christus Gott und Mensch ist, kann aus der von der Sünde geknechteten Seele eine freie werden, denn er rechnet Sünde, Tod und Hölle der Seele sich zu und seine Gerechtigkeit, sein Leben und Heil der Seele. „Freiheit" meint also recht eigentlich: die Befreiung des Gewissens von der Not, auf ewig in der Todesspirale der Sünde gefangen zu sein, in die man gerät, wenn man über das Werk gerecht werden will und nicht merkt, dass man durch den Glauben, durch Christus schon längst gerecht ist. Dabei ist Gewissen als Ort der Gottesbegegnung zu denken und nicht als pseudoneutrale Größe, die als moralische Instanz urteilen könnte, was gut und böse ist. Im Gewissen erfährt der Mensch vielmehr sich selbst als relationales Wesen und wird vom Menschen zu der von Gott angeredeten Person.

Aus eben diesem Grund ist es Luther wichtig, dem Mönchtum, das er selbst in all seinen beglückenden und bedrückenden Momenten kennengelernt hatte, seinen rechten Ort zuzuweisen. Als Mönch oder Nonne zu leben, kann durchaus eine Lebensform sein. Diese Lebensform ist aber nicht besser als andere und sichert nicht den Weg zum Heil. Sie kann sogar die schlechtere Lebensform sein, und zwar in zweierlei Hinsicht: einmal, wenn man sich eben genau dies einbildet, das Leben als Mönch sei gewissermaßen „gutes Werk im Paket". Für den Menschen, der sich für diese Lebensform entschließt, ist aber das Schlimmste, dass sein in der Taufe befreites Gewissen durch die Gelübde neu gebunden wird. Wann immer Luther vom Mönchtum schreibt (ausführlich in „De votis monasticis" – „Von den Mönchsgelübden" 1521 und ab da immer wieder), dann schreibt er eben über das Übel der Gelübde, das den Mönch und die Nonne in eine neue Knechtschaft Gott gegenüber treibt. Die Beziehung zwischen Gott und Mensch bleibt nicht die tröstliche, weil im Glauben befreite, sondern sie wird abhängig gemacht von der Erfüllung der Gelübde. Das Gewissen aber soll frei bleiben, weil Gott seine Freiheit gewollt hat und immer wieder will. Von dort aus kann Luther programmatisch formulieren: „Es ist also christliche oder evangelische Freiheit die Freiheit des Gewissens, durch die das Gewissen von den Werken erlöst wird. Nicht, dass keine geschehen sollen, sondern dass man auf keine vertraue!" (8, 606/30–32) Vertrauen verdient allein das Verheißungswort Gottes, allein an dieses Wort gilt es sich im Glauben zu binden.

Diese ganz und gar geltende Gewissensfreiheit des Christenmenschen im Glauben vor Gott ist aber nicht zugleich ein Freibrief für die Verantwortungslosigkeit: Wer frei sei, brauche sich nicht zu binden. Im Gegenteil! Gerade diese Freiheit vor Gott begründet die Bindung an die Mitgeschöpfe – der Mensch in seiner relationalen Grundstruktur ist in der vertikalen wie in der horizontalen Dimension seiner Existenz in Freiheit gebunden. Was meint das?

Freiheit in und zu

Im zweiten Teil des Freiheitstraktates widmet sich Luther dem äußeren, leiblichen Menschen. Und er rechnet gnadenlos ab mit jeder quietistischen Versuchung, mit jeder Neigung zum Pantoffelchristentum, mit jeder Entziehung aus der Notwendigkeit des guten Werks. Luther weiß, warum er sich so vehement dagegen wehren muss, denn ebendies kristallisierte sich schnell als Hauptvorwurf gegen sein Rechtfertigungsverständnis heraus: Wenn der Glaube allein rechtfertigt – warum dann überhaupt noch gutes Werk? Diesem Missverständnis schleudert Luther ein „So nicht, ihr Ungläubigen, so nicht!" (7, 59/28) entgegen. Natürlich und unbestreitbar ist das gute Werk notwendig – in der Welt (coram mundo)! Der äußere Mensch, der nicht ein zu vernachlässigender oder zu verachtender Teil des Menschen, sondern wie der innere Mensch eine Dimension der unteilbaren, gesamten menschlichen Existenz ist, hat sich in der Welt und seinen Mitgeschöpfen gegenüber zu verhalten. Menschliche Existenz ist als geschöpfliche per se vom Ethos bestimmt. Was das bedeutet, wird uns noch an anderer Stelle zu beschäftigen haben, wenn es um die Grundlegung einer protestantischen Ethik geht. Für diesen Zusammenhang ist jedoch eine andere Frage die näherliegende: Wenn der Christenmensch seinem Gott gegenüber frei ist, in der Welt aber Knecht seiner Mitgeschöpfe: Was bedeutet dies dann für ihn als politisches Wesen, als Wesen, das in einer politischen, rechtlichen, sozialen Ordnung existiert und wirkt?

Wie virulent diese Frage bereits im 16. Jahrhundert ist, wird nirgendwo deutlicher als an den Bauernkriegen, die in der Mitte der 20er Jahre ihrem traurigen Höhepunkt entgegen gehen. Die aus den wirtschaftlichen und sozialen Veränderungen des 15. Jahrhunderts hervorgehenden Unruhen und regionalen Aufstände in der Bauernschaft erleben durch Luthers Botschaft ungeahnten Rückenwind. Der Ruf nach Freiheit wird bei ihnen zum Ruf nach Befreiung von sozialer Ungerechtigkeit und Unterdrückung. Luther, der zunächst das Anliegen der Bauern unterstützt und den Adel an den Verhandlungstisch beordert, distanziert sich zunehmend von der Bauernschaft und ruft schließlich sogar zum unnachgiebigen Vorgehen gegen sie auf. Die harschen Worte, die er gegen die Bauern in seiner Schrift „Wider die räuberischen und mörderischen Rotten der Bauern" findet, gehören zu den dunklen Kapiteln im Leben und Werk des Reformators, besonders, wenn man ihre blutige Wirkung betrachtet. Thomas Müntzer, der selbst in seinem Kampf für die Sache der Bauern sein Leben verliert, wirft Luther mit harschen und unmissverständlichen Worten vor, nur seinen eigenen Vorteil zu suchen und weit ab vom Geschehen hohe Theologie zu betreiben, die aber dem vor allem in diesem Leben geknechteten Menschen nicht hilft. Nichtsdestoweniger muss die Frage gestellt werden, ob Luther nicht insofern „recht" hatte, als er seine theologischen Aussagen zur Freiheit durch die Bauern gründlich missverstanden und für politische Zwecke missbraucht sah. Denn schon früh hatte er sich bemüht, die zwei Foren: „vor Gott" und „vor der Welt" zu unterscheiden und für aktuelle Fragen und Probleme fruchtbar zu machen, die im Freiheitstraktat eine so grundlegende Rolle spielen.

Als 1522 in Wittenberg verschiedene, reformatorisch gesinnte Gruppen versuchen, die Reformation gewaltsam durchzudrücken, mahnt Luther eindringlich, Aufruhr und Blutvergießen zu vermeiden. In der „Treuen Vermahnung, sich vor Aufruhr und Empörung zu hüten" warnt er, der Verführung durch den Teufel nachzugeben und das, was zu tun ist, denen zu tun zu überlassen, die Gott dafür ausersehen hat: der weltlichen Obrigkeit. Sie ist dazu da, Gottes Willen in der Welt zum Durchbruch und Sieg zu verhelfen. Sie ist der verlängerte Arm des Willens und der Macht Gottes und hat dort für Recht und Ordnung zu sorgen, wo Unglaube und Sünde herrschen. Dieses Thema der Frage, wer in der Welt für Ordnung zu sorgen hat, greift Luther ein Jahr später in einer Schrift noch einmal auf, wieder aus aktuellem Anlass: Herzog Georg von Sachsen hatte den Verkauf von Luthers Septembertestament verboten, und es stand die konkrete Frage im Raum, wie mit dieser Anordnung umzugehen sei. Darf der Obrigkeit Widerstand geleistet werden? Und wenn ja, in welcher Form? Überhaupt schält es sich als grundsätzliches Problem heraus, welche Rolle gegenwärtig und zukünftig die Obrigkeit spielen soll, die man zur Durchsetzung der Reformation und zur Wahrung ihrer theologischen Fundamente dringend braucht. Darauf Antwort zu geben ist das Ziel der Schrift „Von weltlicher Obrigkeit, wieweit man ihr Gehorsam schuldig sei", in der Luther 1523 das Verhältnis zwischen Gottes weltlichem und geistlichem Regiment klärt. Das Schlagwort der „zwei Reiche" ist als Begriff eine Erfindung des 20. Jahrhunderts. Viel richtiger wäre es, wenn man denn überhaupt von einem Lehrstück sprechen will, von den „zwei Regimenten" oder „zwei Regierweisen" zu sprechen. Dann wäre von vornherein deutlich, dass es nach Luthers Auffassung keinen Bereich gibt, in dem Gott nicht wirkt. Denn daran ist Luther vor allem gelegen: Gott ist es, der alles in allem wirkt. So ist die weltliche Obrigkeit von ihm eingesetzt, seinen Willen in der Welt zu tun. Das heißt konkret: Wo die Folgen des Sündenfalls Unordnung, Mord, einen Krieg aller gegen alle und alles Übel provozieren, da soll die Politik diese Folgen so weit wie möglich eindämmen und dazu die ihr zur Verfügung stehenden Mittel einsetzen: das Recht und die Gesetze als Ausdruck dieses Rechts. Gäbe es nur lautere Christen, würde das simul iustus et peccator nicht gelten, spielte die Sünde keine Rolle mehr in der Welt – dann bedürfte es der Politik nicht. So aber hat das weltliche Regiment den Unchristen und Bösen zu wehren, während es Aufgabe des geistlichen Regiments ist, die Menschen im Glauben zu leiten. Diese Aufgaben gilt es wohl zu unterscheiden: „Darum muss man diese beiden Regimente fleißig scheiden und beides bleiben lassen: Eins, das fromm macht, das andere, das äußerlich Frieden schafft und bösen Werken wehrt. Keines ist ohne das andere genug in der Welt. Denn ohne das geistliche Regiment Christi kann niemand vor Gott fromm werden durch das weltliche Regiment. So geht das Regiment Christi nicht über alle Menschen, sondern immer sind die Christen die wenigsten und mitten unter den Unchristen. Wo nun das weltliche Regiment oder das Gesetz allein regiert, da muss eitel Heuchelei sein, und wenn es Gottes Gebote selbst wären. Denn ohne den heiligen Geist im Herzen wird niemand recht fromm, er tue wie feine Werke auch immer. Wo aber das geistliche Regiment allein über Land und Leute regiert, da ist die Bosheit ohne Zaum und allem Verbrechen wird Raum gegeben." (11, 252/12–22) Diese Aussage feit das eine wie das andere Regiment davor, überheblich das andere zu missachten. Wiewohl beide ihren Bereich zu beachten und den des anderen nicht zu berühren haben, so muss ihnen doch, wenn sie das Wohl der ihnen Anvertrauten im Blick haben, bewusst sein, dass sie den anderen Bereich wahrnehmen, respektieren und nach ihren Kräften unterstützen müssen. Der Mensch als Fleisch und Geist benötigt beides: Himmel und Welt, geistliches Reich und weltliches Reich, Leibsorge und Seelsorge. In diesem Sinne sind beide Schwerter, beide Regimente Regierweisen des Gottes, der als Schöpfer seiner Schöpfung zugesagt hat, sie in dieser Welt zu erhalten, sie durch sie hindurchzutragen und in dieser Welt Leben nach der Ordnung und dem Willen Gottes zu ermöglichen.

Der Christenmensch als dienstbarer Knecht hat dabei drei Aufgaben: Er hat die Obrigkeit in diesem ihrem Amt zu unterstützen; er darf selbst um der Nächsten willen innerhalb des weltlichen Regiments tätig sein; und er soll und muss dort, wo Obrigkeit dieses Amt nicht oder nicht mehr erfüllt, ihr energisch entgegentreten. Dieses „energische Entgegentreten" allerdings äußert sich vor allem im passiven Widerstand. Aktiv etwa die Obrigkeit abzusetzen oder ihr gar mit Gewalt zu begegnen verbietet sich. Diese Aussage Luthers hat vor allem in späteren Jahrhunderten immer wieder dazu geführt, dass Christen Unrechtsregime erduldet und erlitten haben, ja bisweilen in einem falsch verstandenen Obrigkeitsgehorsam unterstützt haben; vor allem muss man hier an das Verhalten vieler evangelischer Christen und Pfarrer denken, die während der nationalsozialistischen Terrorherrschaft 1933–1945 glaubten, sich auf Luther berufen zu können, wenn sie mitgemacht, weggesehen und gefördert haben, was diese Zeit an Gräuel hervorgebracht hat. Hätten sie ihren Luther weiter gelesen, dann hätten sie erkannt, dass dieses stille Erdulden sich auf Unrecht gegenüber der eigenen Person bezieht, es um des Nächsten willen dagegen geboten ist, alles gegen eine Politik und gegen Strukturen zu unternehmen, die diesen in seiner Freiheit und Würde verletzen. Allerdings gilt auch hier, dass kein Zweck das Mittel der Gewalt heiligt. Gewalt ist und bleibt ein Übel, auch dann, wenn sie unter den Bedingungen der Welt geboten scheint.

Der Arm der Obrigkeit aber erstreckt sich nicht weiter als über das, was Luther im Freiheitstraktat unter das Stichwort des Leibes, des äußeren Menschen oder des Werkes gebündelt hat. Was den inneren Menschen betrifft, die Seele, den Glauben, so hat darüber allein Gott Gewalt und Urteilskraft. Die Macht der Politik und ihrer die Welt ordnenden Instrumente geht nicht an das Gewissen. Das Gewissen bleibt frei und allein Gott gegenüber verantwortlich. Was dieser Grundsatz etwa für Rechtsprechung, Strafe und Freiheitsentzug bedeutet, ist noch viel zu wenig bedacht. Das Fundamentale, auch und vor allem das fundamental Tröstliche daran ist, dass kein Unrecht der Welt, kein Terror, keine Folter, keine weltliche (und vor der Welt nötige und nützliche!) Strafe den Menschen seiner Gewissensfreiheit und seiner Würde berauben kann. Das ist der tiefe theologische Sinn des Grundsatzes, dass die Würde des Menschen unantastbar ist: Die Würde des Menschen ist begründet in Schöpfung, Gottebenbildlichkeit und Erlösung durch Jesus Christus. Und darum ist und bleibt sie auch erhalten, weil Gottes Ja zu seiner Schöpfung auch und gerade dann gilt, wenn Strukturen und Mitmenschen alles tun, diese Würde zu brechen.

Die Freiheit, von der Luther im Kontext der staatlichen Ordnung spricht, ist also mitnichten eine Freiheit „von". Es geht nicht um die Lösung aus Strukturen, ordnenden Systemen und Werken der Nächstenliebe. Sie ist vielmehr eine Freiheit „in" und „zu": in den Strukturen und zum guten Werk um des Nächsten willen.

Unfreiheit des Willensvermögens

Theologie ist, so konnten wir bis jetzt immer wieder feststellen, nach Luther die Kunst des Unterscheidens. Gesetz und Evangelium, Sünde und Gnade, Freiheit und Knechtschaft, Leib und Seele, Reich Gottes und Reich der Welt. Diese theologische Kunstlehre hat sich immer mehr zum formalen wie materialen Fundament jeglichen Theologie-Treibens in Wissenschaft, Lehre, Predigt und Seelsorge entwickelt.

Setzt man dies voraus, ist es eigentlich keine Überraschung, dass es zwischen Martin Luther und dem Humanisten Erasmus von Rotterdam 1524/25 zum Bruch kommt. Denn Erasmus beherrscht nach dem Urteil Luthers genau diese Kunst nicht. Er, dessen Gelehrsamkeit und Meisterschaft in der Rhetorik Luther neidlos anerkennen kann, vermag es nicht, zwischen dem zu unterscheiden, was das menschliche Willensvermögen vor Gott und was es vor der Welt zustande bringt. So kommt Erasmus zu der Aussage, das freie Willensvermögen (liberum arbitrium) sei im Zusammenspiel mit der Gnade durchaus in der Lage, das Gute zu wollen. Andernfalls könne man weder von einer Gerechtigkeit Gottes sprechen noch den Menschen zu ethischem Verhalten motivieren. Viel besser aber sei, an dieses schwierige theologische Thema überhaupt nicht zu rühren, denn es gehöre zu denen, die aus der Schrift nicht klar hervorgingen; und selbst wenn man dazu eindeutig etwas sagen könne, dann sei es vorteilhafter, dieses Gespräch nur vor solchen Ohren zu führen, die verständig genug seien. Weil die Schrift an so vielen Stellen unklar sei, könne er selbst auch keinen Gefallen an Wahrheitsbezeugungen (assertiones) haben und würde sich eher dem Urteil der Kirche unterwerfen. Erasmus nimmt also im humanistischen Interesse genau dort Unterscheidungen vor, wo Luther sie nie vornehmen würde: Er differenziert zwischen klaren und unklaren Stellen der Schrift, zwischen notwendigen und weniger notwendigen Themen, zwischen den Auditorien, welche die Wahrheit vertragen können, und solchen, die sie weniger vertragen können, zwischen Dingen, die als wahr bezeugt werden können, und Dingen, die nur die Lehren der Kirche entscheiden können, und schließlich zwischen Wahrheit und Wahrheit. Die wirklich entscheidende Differenz aber zwischen Gott und Mensch – die will er nicht wahrhaben, und genau dies wirft Luther ihm in seiner umfangreichen Antwort vor.

Luthers Schrift „De servo arbitrio" („Vom geknechteten Willensvermögen") ist seine vielleicht systematischste, wenngleich diejenige, die am schlechtesten strukturiert ist. Punkt für Punkt geht er – nachdem die Bauernsache erledigt und für ihn wieder relative Ruhe eingekehrt ist – in aller Ausführlichkeit und Breite an den Argumenten des Erasmus entlang, nimmt sie beinahe vergnüglich auseinander und entlarvt den Rotterdamer ein ums andere Mal der Widersprüchlichkeit und schließlich gar der Gottlosigkeit: Wer so argumentiere wie er, der agiere gänzlich ohne Christus und den Heiligen Geist. Wer Christus als Retter und Erlöser ernst nehme, der könne nur von der Unfreiheit des Willensvermögens in Heilsdingen reden. Denn wenn der Mensch auch nur einen Bruchteil seines Heils selbst verantworten könne – wozu bedürfe es dann noch des Opfertodes Christi? Im Gegenteil bedeute die Unmöglichkeit, heil werden wollen zu können, in Wahrheit die größte Freiheit – nämlich die Freiheit von sich und seiner sündenverschuldeten Unfähigkeit, das Gebot im guten Werk zu erfüllen. Der Freiheit im Glauben korrespondiert die Unfreiheit des Willensvermögens. Denn hinge das Heil des Menschen von seinem Wollen oder Nicht-Wollen ab, dann stünde es darum sehr schlecht. Wiederum erweist sich Luthers Rede von der radikalen Sündhaftigkeit als tragendes Element: Die Sünde verunmöglicht es, dass der Mensch Gott Gott sein lassen will. Daher kann es nicht am menschlichen Wollen liegen, Gott und den Nächsten zu lieben. Vielmehr wird das menschliche Wollen sich stets auf sich selbst zurückbeziehen. Der Mensch in seiner Sündhaftigkeit vermag nur sich selbst zu lieben; bei allem, was er sich selbst vorgaukeln mag, wird es ihm doch im Letzten immer um ihn selbst gehen. Er ist als Sünder ganz und gar unfrei im Blick auf Gott; er ist Knecht seiner Selbstliebe. Erst der Glaube befreit ihn. Glaube aber ist, wie zuvor festgestellt wurde, ein Geschenk der Gnade, das der Mensch weder von sich aus wollen noch sich verdienen kann.

Nun stellen sich allerdings zwei schwerwiegende Probleme, die Erasmus aufwirft: Wenn der Mensch nicht wenigstens über sein freies Willensvermögen am Heilserwerb beteiligt wird, wie soll dann nicht vom Menschen als Marionette gesprochen werden, die an den Fäden der Vorsehung hängt und Gott als willkürlichen Strippenzieher über sich erdulden muss? Und wie lässt sich der Mensch zu einem verantwortlichen Leben motivieren, wenn er einem solchen Willkürgott ausgesetzt ist und schon das diesseitige Leben davon zeugt, dass es den schlimmsten Menschen am besten geht? Als Antwort auf diese fundamentalen Fragen unterscheidet Luther zunächst zwischen Willensvermögen (liberum arbitrium) und Wollen (voluntas, velle). Das rational gesteuerte Willensvermögen als Vermögen, Gut und Böse voneinander zu unterscheiden und sich für das Gute und gegen das Böse zu entscheiden, ist geknechtet von der Sünde. Insofern kann es sich nur immer für das Böse entscheiden und ist aufgrund dieser Festlegung eben alles andere als frei. Das liberum arbitrium verhält sich, so vergleicht Luther, vielmehr wie ein Zugtier auf dem Felde, das unter das Joch gespannt ist und geht, wohin sein Reiter es lenkt: entweder dahin, wohin Gott es haben will, wenn Gott es reitet; oder dorthin, wohin der Teufel es haben will, wenn der Teufel es reitet. Die einzige Freiheit des Willensvermögens besteht darin, von sich aus, aus eigener Kraft den Weg des Teufels zu gehen; also reitet der Teufel das Reittier nicht ohne dessen Wollen und treibt es mit dessen Zustimmung dorthin, wohin es von sich aus auch will. Genauso treibt Gott das Reittier, das er durch Christus zum Glauben befreit hat, mit dessen Zustimmung dorthin, wohin er es haben will. Das Entscheidende aber ist nicht diese Zustimmung, sondern das Handeln Gottes. Der Mensch wird also nicht zur Marionette degradiert, gegen dessen Willen etwas geschieht. Sondern es geschieht mit seiner Zustimmung, aber nicht aufgrund seiner freien Entscheidung. Wichtiger aber noch ist, dass Gott nicht zum Willkürgott gemacht wird, denn Gottes Wille ist immer der zum Leben und zum Heil des Menschen. Deswegen beugt er auch nicht einfach das verkehrte Willensvermögen des Menschen, sondern er wirkt sogar durch die Bösen. Das Bild, das Luther zur Verdeutlichung wählt, ist wiederum sehr tröstlich: Ein unscharfes oder beschädigtes Messer, das seine Aufgabe nicht mehr erledigen kann, würde von jedem vernünftigen Handwerker aus dem Werkzeugkasten ausgemustert und weggeworfen werden. Gott aber benutzt auch dieses unbrauchbar gewordene Werkzeug; er lässt es nicht einfach fallen und verrotten, sondern er erhält auch dieses scheinbar ganz nutzlos Gewordene am Leben.

In diesem Zusammenhang wird ein weiterer Gedanke virulent, der zugleich auf das zweite, bereits von Erasmus erkannte und benannte Problem verweist: der Gedanke der Allmacht Gottes. Es ist, so Luther, ein Zeichen tiefsten Unglaubens, an der Gerechtigkeit Gottes zu zweifeln, wenn der eigene, menschliche Gerechtigkeitsbegriff nicht befriedigt wird. Vielmehr sei es ein Merkmal christlicher Demut und Hoffnung, der Lösung dieser Frage entgegen zu warten und inzwischen darauf zu vertrauen, dass sich dann alles im Licht der Herrlichkeit löse, wie sich jetzt schon vieles im Licht des Glaubens klären ließe. Die Allmacht Gottes (omnipotentia) ist nichts, wovor man sich fürchten müsse. Im Gegenteil erweist sich in diesem Begriff

Gottes Leben schaffende und Leben erhaltende Kraft und Macht, weswegen auch Gott allein das Prädikat des liberum arbitrium eignet. Die daraus dem Menschen erwachsende Freiheit seines Gewissens ist dann Garant genug dafür, dass der Mensch in die Verantwortung gezogen wird und Verantwortung sich selbst und seinen Mitgeschöpfen gegenüber zu üben hat. Das heißt zum einen: Er ist schuldfähig. Er kann sich nicht die Hände in Unschuld waschen und sich darauf zurückziehen, der Teufel habe ihn geritten. Nein, er ist schuldfähig und wird für seine Schuld zur Verantwortung gezogen werden. Umgekehrt kann er sich auch nicht etwas einbilden auf das, was ihm gelungen ist. Aber er kann sich dankbar dafür erzeigen. Das heißt zum anderen: Er wird vor Gericht gestellt werden. Christliche Freiheit heißt nicht Freiheit vom Gericht. Wohl aber heißt das: Es geht jemand mit uns ins Gericht. Und zwar niemand Geringerer als unser Schöpfer, der will, dass wir leben.

Mit diesen letzten Sätzen ist einerseits das weite Gebiet der Lehre von den letzten Dingen berührt. Und andererseits das, was unter dem Stichwort der Ethik zu bündeln ist. Dass Glaube und Werke wohl voneinander zu unterscheiden sind, ist an mehreren Stellen bereits angeklungen. Was aber bedeutet dies konkret für die Frage des Christen, warum er überhaupt etwas und was er tun soll? Was ist „gutes" Werk? Und wie ist es zu verstehen, gutes Werk sei notwendig, wenn es doch im Rechtfertigungsprozess ausgeschlossen ist? Was meint „Freiheit zum Werk" genau?

8

Glaube und gute Werke – Luthers Grundlegung der Ethik

Theologie kommt in unseren Tagen fast ausschließlich in einer ganz bestimmten Weise ins Spiel: über die Ethik. Wer wissen will, was zu tun ist, wer etwa an Grenzprobleme des Lebens stößt, wer Leitlinien für richtiges Handeln sucht, der fragt nicht selten immer noch bei Theologen nach. Gleichwohl: eine spezifisch theologische Antwort suchen dabei die wenigsten. Und leider hat es die Theologie nicht selten verpasst, ihren ethischen Aussagen einen unverwechselbaren Stempel aufzudrücken. Die Ethik der Theologie war nicht immer auch eine theologische Ethik. Spätestens nun aber etwa angesichts der Tatsache, dass es Bestrebungen (und auch bereits Umsetzungen des Planes) gibt, Religionsunterricht durch einen Ethikunterricht zu ersetzen, scheint es ratsam, verstärkt danach zu fragen, was eigentlich eine theologische, in dem uns interessierenden Fall: eine protestantisch-theologische Ethik zu sein hat. Dabei kann man – buchstäblich! – bei Luther in die Schule gehen und konstatieren: Theologie und Ethik gehören untrennbar zusammen; wenn auch vieles von dem, was Luther an ethischen Anweisungen gibt, selbstverständlich zeitgebunden ist, so finden wir doch auch etliches, das über den Spalt der Jahrhunderte hinweg gesagt werden kann, ja gesagt werden muss; Ethik ist mehr als die Kant'sche Frage „Was soll ich tun?" Ethik ist vielmehr die Lehre vom rechten Verhalten, in das mehr eingeschlossen ist, etwa der Wille, das Urteil, die Affekte. Das Stichwort „Verhalten" weist uns wiederum auf einen tieferen Zusammenhang, der in dem Begriff des Handelns seine Pointe nicht recht finden will: Verhalten hat es mit Verhältnis zu tun. Mit Relation. Der Christ, der seine Existenz nicht aus sich selbst versteht und begründet, steht dabei in doppelter Relation, wie Luther in seinem Freiheitstraktat in unvergleichlich präziser Weise zum Ausdruck gebracht hat, wie wir feststellen konnten: Er lebt in Christus im Glauben und im Nächsten in der Liebe. Diese vertikale und horizontale Bindung bringt ins Bewusstsein, wie sehr alle Ethik ein Ausdruck des rechten Gottesverhältnisses ist. Oder – und das vertieft die Bedeutung – wie „ethisch" der Glaube und wie „dogmatisch" alle Ethik ist. Will sagen: Ethik als Frage nach dem rechten Verhalten wird das Handeln nie losgelöst sehen von der relationalen Grundstruktur menschlicher

Existenz und den daraus resultierenden Konsequenzen. Was heißt das genau?

Grundsätze

Der Disput zwischen Rom und Wittenberg hatte mehr als einmal gezeigt, wie es die Lehre vom Glauben allein, vom sola fide ist, die Rom nicht in dieser Radikalität teilen kann. Zu viel hängt daran. Und zwar nichts weniger als das Selbstverständnis der römischen Kirche. Luther hatte sich bereits an mehreren Stellen öffentlich darüber geäußert, wie unnütz das gute Werk im Rechtfertigungsgeschehen ist. Indes bleibt bei allem Grundsätzlichen, von dem Luther nicht weichen will und um des Zeugnisses der Schrift willen nicht weichen kann, die Frage nach Begründung und materialer Füllung dessen, was ein gutes Werk ist, bisher unbeantwortet. Dies ändert sich mit dem Beginn des Jahres 1520. In dieser Zeit mahnt Georg Spalatin Luther, das versprochene Buch über die guten Werke zu schreiben. Er, der ehemalige Erzieher und jetzige Berater des Kurfürsten und so etwas wie der ständige Kontaktmann zwischen Friedrich und Luther, weiß, wie brisant dieses Thema ist und wie dringend die damit im Zusammenhang stehenden Fragen zu klären sind, um den römischen Angriffen von vornherein zu wehren. Die junge Bewegung muss verdeutlichen, wie wenig aufständisch sie ist und vor allem: wie ihre Lehre nicht zur sittlichen Verwahrlosung und Verrohung führen wird. Luther mag sich zuerst nicht erinnern, ein solches Versprechen gegeben zu haben, setzt sich dann aber doch daran und schreibt flugs das Werk, das bereits Anfang Juni verschickt wird, noch bevor ihn die Bannandrohung aus Rom erreicht. Und ihm gelingt ein weiterer großer Wurf: Der „Sermon von den guten Werken" gehört wie die anderen drei Hauptschriften des Jahres zu dem, was protestantisches Profil in nuce ausmacht.

Luthers Leistung liegt darin, dass er in diesem Text verdeutlichen kann, wie es bei der Frage nach dem rechten Verhalten immer zuerst und zuletzt um die Frage nach dem rechten Glauben gehen muss. Der Glaube ist das höchste und vornehmste Werk, das es darum ist, weil es von jeder Selbstverkrümmung des Menschen auf sich selbst, von jeder Selbstliebe weg auf Jesus Christus hinweist: „[I]n diesem Werk müssen alle Werke gehen". (6, 204/31). Warum der Glaube sich als Werk von allen Werken unterscheidet, wurde bereits erläutert. Nun muss die ebenso radikale Frage gestellt werden, warum sich das Werk des Christen, der sich auf diesem Fundament stehend weiß, vom Werk eines jeden anderen unterscheidet und was die

Güte des Werkes ausmacht. Was Luther darauf antwortet, korrespondiert vortrefflich dem, was wir bereits aus dem Freiheitstraktat kennen: Trost und Gewissheit sind die Kennzeichen dafür, dass es sich um ein Werk aus Glauben handelt und es darum – und nur darum! – gut ist. In der „Assertio omnium articulorum" wird Luther auf die Verurteilung seiner Behauptung, der Gerechte sündige in jedem guten Werk, reagieren, indem er die Reihenfolge noch einmal deutlich herausstellt: „Denn nicht die guten Werke machen einen gerecht (wie wir oft gesagt haben), sondern der Gerechte wirkt gute Werke." (7, 137/21f.) Eben dies sind die Gründe für Gewissheit und Trost: Ein gutes Werk ist die notwendige Folge der Glaubensgerechtigkeit – aber nie deren Ursache. So wird das Werk des Christen begleitet sein von einem guten Gewissen. Und zwar nicht, weil man sich einbildet, gut zu sein oder alles getan zu haben. Sondern weil man gewiss ist, aus Glauben heraus zu handeln und darin Gott nun auch in seinem Werk zu gefallen. Die so wichtige Unterscheidung von Person und Werk greift an dieser Stelle erneut: Gott sieht die Person an, nicht das Werk. Die Person wird gerechtfertigt, nicht das Werk. Aber Gott freut sich über das gute Werk dessen, den er als Person aus reiner Barmherzigkeit gerechtfertigt hat. So unterscheidet auch nicht das Werk selbst vordergründig den Christen vom Nicht-Christen. Jeder andere kann tun, was ein Christ tut. Aber dass dieses Werk aus Glauben allein und um des Nächsten willen allein geschieht, das macht den Unterschied: „Von dem Glauben und von keinem anderen Werk haben wir den Namen, dass wir Christgläubige heißen, weil es das Hauptwerk ist. Denn alle anderen Werke mag ein Heide, Jude, Türke, Sünder auch tun; aber darauf fest trauen, dass er Gott wohlgefalle, das ist niemandem möglich außer einem Christen, mit Gnaden erleuchtet und befestigt." (6, 206/14–18) Das ist ein ganz entscheidender Gesichtspunkt für die Ethik, welche die Theologie zu vertreten hat: Natürlich kann sie sich über das Handeln, über das, was notwendig zu tun ist, mit allen anderen Menschen verständigen, und es wird – gottlob und den Menschen zum Nutzen – vielfältige Überschneidungen geben und Kräfte bündeln; indes darf der christliche Theologe nie vergessen, aus welcher Relation er seine Kraft bezieht und wem gegenüber er im Letzten verantwortlich ist. Und dieser Unterschied hat dann doch ganz erhebliche Konsequenzen.

Die erste: Diese Kraft ist es, die das Werk des Christen fröhlich und frei sein lässt. Wie später in der Freiheitsschrift schält sich der Begriff der Freiheit als derjenige heraus, der unabdingbar den Begriffen Gewissheit und Trost korrespondiert. Da der Christenmensch sich nicht mehr um sich selbst kümmern muss – denn das hat Gott längst in Jesus Christus getan und tut er fortwährend im Heiligen Geist –, hat er buchstäblich alle Freiheit, sein Augenmerk wirklich und wahrhaftig auf den Nächsten zu richten. Er kann sich um das Wohl des Nächsten kümmern, ohne in der ständigen Furcht leben zu müssen, dass dieses Werk vor Gott im Gericht nicht ausreichend ist. Die Unruhe, die das Werk des Nicht-Glaubenden begleitet, weicht der Ruhe, die nötig ist, dem Nächsten und seinen Bedürfnissen mit Sorgfalt, Geduld, Wachsamkeit und nicht zuletzt mit Fröhlichkeit begegnen zu können. Und mit Phantasie und Kreativität. Das Werk des Christen beginnt dort, wo alle anderen glauben, schon genug erreicht zu haben. Ein Beispiel mag dies erläutern. Friedensarbeit gehört mit Recht zu den vordringlichsten Aufgaben unserer Zeit. Für viele ist Frieden dann bereits erreicht, wenn die Waffen schweigen, mindestens, wenn sie eine lange Zeit geschwiegen haben. Doch ist das „Frieden"? Der Theologe wird wissen, dass Frieden in einem viel tieferen Sinne ein Heilsein des Menschen und ein daraus resultierendes „In-Ordnung-Sein" der Welt, der Strukturen bedeutet und also die Abwesenheit von Krieg sehr gut und wichtig, aber eben noch kein Frieden ist. Das heißt, die Friedensarbeit des Christen wird gerade dort beginnen, wo die der anderen aufhört. Der Christ wird wachsam sein. Die vordringliche Aufgabe von Christen in der Welt ist eben dieses Wächteramt.

Die zweite Konsequenz: Der Christ wird phantasievoll sein und nach Lösungen für Probleme suchen, die über bestimmte Zeiten und Räume (beispielsweise über Legislaturperioden) hinaus gehen. Da es ihm um den Nächsten geht, kann er nicht nur für den nächsten Tag planen, sondern er muss und wird kreativ nach Wegen Ausschau halten, die weiterführend sind und nicht wie ein Tropfen auf dem heißen Stein verpuffen. Bildungs- und Aufklärungsarbeit gehört daher zu den vordringlichsten Unternehmen kirchlicher „Politik".

Die dritte Konsequenz ist, dass ein Christenmensch nicht so schnell aufgibt. Rückschläge, die er erleiden muss, Anfeindungen, ja Verfolgungen, denen er ausgesetzt ist, werden ihn nicht den Kopf in den Sand stecken lassen. Glaube und Hoffnung machen ihn gelassener gegenüber Niederlagen, er weiß, dass Stolpersteine und Scheitern Elemente des Lebens sind. Er weiß aber auch, dass diese Stolpersteine und dieses Scheitern nicht das letzte Wort haben, und das macht Mut, wenn nötig so lange mit dem Kopf gegen die Wand zu rennen, bis diese endlich bricht.

Eine vierte Konsequenz besteht darin, dass der Christenmensch über mehr Unterscheidungs- und daher vielleicht auch über mehr Urteilskraft verfügen sollte als manch anderer. Er hat, wenn er seine Schrift recht gelesen und verstanden hat und seinem Christus alles anvertraut, tiefe Einblicke in das Wesen des Menschen und der Welt und wird mit nüchternem Blick Situationen erfassen, analysieren und beurteilen können. Viel wichtiger aber noch ist, dass er just da keine Unterscheidungen machen wird, wo wiederum alle anderen sie machen: im Blick auf die Güte eines Werkes. Wenn andere vor lauter Suche nach dem noch besseren Weg die Sache, um die es eigentlich geht, völlig aus den Augen verlieren, dann sollte der Christenmensch schon längst angekommen sein. In diesem Sinne wird der Christenmensch auch um die Vorläufigkeit jedes seiner Werke wissen. Er ist sich bewusst, wie sehr er im Diesseits weilt und dass alles, was er tut oder unterlässt, wie er selbst in der Spannung des Sünder-und-gerecht-Zugleich steht. Keines seiner Werke ist vollkommen. Genau dieses Bewusstsein aber macht ihn selbstkritisch: Er wird sich nicht auf die Schulter klopfen und, stolz auf sich selbst, doch noch den Blick auf sich verkrümmen. Er wird nicht stolz sein, sondern dankbar, wenn ihm etwas gelungen ist und er Hilfe hat leisten können. Und zugleich wird er wissen, dass er natürlich, weil er Mensch ist, eben doch den Stolz und die Eitelkeit nicht wird lassen können. Der Christ unterscheidet sich nicht von anderen Menschen in der Hinsicht, dass er besser wäre als Andere – er unterscheidet sich aber sehr wohl darin, dass er darum weiß, nicht besser zu sein!

Und eine letzte Konsequenz: „Über das alles hinaus ist der höchste Grad des Glaubens, wenn Gott nicht mit zeitlichem Leiden, sondern mit Tod, Hölle und Sünde das Gewissen straft [...]. Hier zu glauben, dass Gott gnädiges Wohlgefallen über uns habe, ist das höchste Werk, das geschehen mag". (6, 208/34–209/2) Der Glaube hat es nicht nur mit dem offenbaren Gott (Deus revelatus), dem gnädigen, dem liebenden zu tun, sondern auch mit dem verborgenen (Deus absconditus). Vieles ist und bleibt unverständlich, unaufgelöst und lehrt uns Gott lieben und fürchten zugleich. Diese Anfechtungen auszuhalten und in ihnen nicht unterzugehen, ist Zeichen des höchsten Glaubens. Gegen alle Widerstände und zuletzt gegen die Widerstände des eigenen Gottesbildes regelrecht „anzuglauben" (ohne dass daraus ein gefährlicher Automatismus würde) ist Signum theologischer Reife. Die Welt in ihrer Widergöttlichkeit kann man nicht schönreden; man kann Leiden, Tod und Trauer nicht verharmlosen; man kann niemanden, der trauert, abspeisen mit einem „Es wird schon alles einen Sinn haben". Die Welt will in ihrer ganzen Hässlichkeit wahrgenommen und ernstgenommen werden. Genauso aber will und muss Gott wahr- und ernstgenommen werden, mit dem der Christenmensch ein ums andere Mal kämpfen muss. In dieser Situation nicht aufzugeben und das Handeln nicht zu vergessen, bewirkt die christliche Hoffnungsgewissheit. Der Christenmensch wird gegen Tod, Hölle und Sünde angehen – nicht so, als gäbe es sie nicht. Sondern so, wie es ihnen, denen der Stachel genommen ist, gebührt.

Der Glaube stellt also den Dreh– und Angelpunkt des Lebens dar, denn nach Luther lässt sich überhaupt nur im Glauben „leben" im Vollsinne des Wortes. Der Glaube ist es, der die vertikale Dimension menschlicher Existenz in die horizontale Dimension überführt. Das Leben in der Welt kann nur dann in rechter Weise gelingen, wenn sie aus der vertikalen Relation gespeist wird und sich von dort aus versteht. Die Erfüllung der Gebote ist nur möglich, wenn das erste Gebot in seiner gesamten Unbedingtheit ernstgenommen wird und das gute Werk am Nächsten immer zugleich als Gottesdienst verstanden wird. Das Leben der Geschöpfe untereinander ist nur in Ordnung, wenn das Verhältnis zwischen Schöpfer und Geschöpf als solches angenommen wird, also in Ordnung, d.h. in der von Gott gesetzten und gewollten Ordnung ist. So regelt die erste Tafel des Gesetzes dieses Verhältnis zum Schöpfer, wobei die Richtung eindeutig ist: vom Schöpfer zum Geschöpf; die zweite Tafel regelt das Leben der Geschöpfe.

Das erste Verhältnis, das der Mensch in dieser Weise in einer Ordnung haben muss, ist dasjenige zu sich selbst. Der Mensch, der sich als Geschöpf Gottes versteht, kann „Ich" sagen und denken, ohne sich in diesem Ich zu erschöpfen. Er weiß, dass er „Ich" nicht aus sich selbst hat und „Ich" immer in Beziehung zu denken ist, also per se in Externität begründet und daher auf sie hin angelegt ist. „Selbst" ist der Mensch also in dem Moment, in dem er sich in dieser doppelten Externität weiß, und gerade dann ganz bei sich, wenn er außerhalb seiner selbst ist. Erkennt der Mensch dann weiter, dass er Fleisch und Seele ist und beide Begriffe nichts anderes tun, als seine irdische Wirklichkeit in ihrer Relationalität, in ihrer Beziehungsweise und Kommunikationsweise auf den Punkt zu bringen, dann kann er sich in seinen fleischlichen und seelischen Bedürfnissen gleicherweise wahrnehmen und muss nicht eines dieser Bedürfnisse unterdrücken. Er kann sie zulassen, er kann sie befriedigen, er kann mit ihnen in verantwortungsvoller Weise umgehen. Und das beinhaltet zweierlei: Er muss sich selbst gegenüber verantwortungsvoll sein; und er muss gegenüber denen verantwortungsvoll sein, die er mit seinen Bedürfnissen tangiert. Das ist die Basis für alles, was ethisch zu entscheiden und zu handeln ist, und das bedeutet in nuce: zu leben und das Leben in all seinen Facetten zu bejahen.

Vom Glauben zum Werk

Damit ist das zweite Feld angesprochen, das der Mensch in einer Ordnung haben muss: das zu seinen Mitgeschöpfen. Dabei wird zur Verbindungsstelle zwischen erster und zweiter Tafel der Gebote bei Luther das Elterngebot: „[F]ürwahr, in diesem Gebot liegt es, dass die ersten drei und die letzten sechs erkannt und gehalten werden." (6, 252/28f.) Und zwar kann es diese Position deshalb haben, weil der Übergang von der Freiheit zur Knechtschaft dort abgebildet ist. Die Eltern haben in dieser Welt als Erste und als Erstes die Aufgabe, ihren Kindern Gottes Willen zu vermitteln, sie mit der Schrift und also mit Gesetz und Evangelium vertraut zu machen. Ihr vornehmliches Amt besteht darin, an Gottes Statt Vater und Mutter zu sein und in ihrer Person Gesetz und Evangelium lebendig werden zu lassen, als eine Art Abbild dessen, was diese beiden Größen und ihre dialektische Spannung im Blick auf das Verhältnis zu Gott bedeuten. Die Eltern zu lieben und zu fürchten ist dann für die Kinder und die ganze Familie (in die in Luthers Zeit selbstverständlich das Hausgesinde eingeschlossen ist) der Vorgeschmack auf alles, was sie in der doppelten Relation zu Gott und zu den Mitgeschöpfen erwarten wird. Vater und Mutter sind die erste „Obrigkeit", mit der Kinder konfrontiert werden; sie haben zu gehorchen – aber sie haben auch, wenn es die Sache erfordert, zu widersprechen. Im Katechismus wird Luther noch einmal wunderbar formulieren, dass den Eltern auch dann, wenn sie wunderlich werden und ihre Anordnungen nicht mehr sinnvoll erscheinen, mit Liebe und Achtung zu begegnen ist. Liebe und Achtung – das sind die beiden Schlüsselwörter in diesem Zusammenhang. Wenn Fürsorge und Pflege (und zwar auf beiden Seiten und zu beiden Seiten hin) nicht von diesen beiden Größen getragen sind, kann das Verhältnis zwischen Eltern und Kindern nur in einer Katastrophe enden. Dieses Verhältnis ist für beide Partner eine Verpflichtung: Wohltun erfordert Gehorsam und Gehorsam erfordert Wohltun. Wenn Luther dies noch im Zusammenhang der 4. Gebots auf die weltliche und geistliche Obrigkeit überträgt, dann wird die gegenseitige Aufgabe noch einmal umso deutlicher: „Alles aber, was von diesen Werken gesagt ist, ist in den beiden Begriffen zusammengefasst: Gehorsam und Sorgfalt. Gehorsam gebührt den Untertanen, Sorgfalt der Obrigkeit, dass sie fleißig sind, ihre Untertanen wohl zu regieren, liebevoll mit ihnen zu handeln und alles zu tun, um ihnen nützlich und eine Hilfe zu sein." (6, 264/16–20)

Im Elterngebot drücken sich mithin beide den Menschen bestimmenden Relationen aus: die zu dem, was über dem Menschen ist, und die zu dem, was auf einer gleichen Ebene mit ihm ist. Zudem werden die beiden Kräfte im Menschen selbst angesprochen, die seine Relationalität, sein auf Beziehung und Kommunikation ausgerichtetes Wesen beschreiben: Fleisch und Geist bzw., wie Luther es im Sermon ausdrückt, Affekte oder Begierden und Vernunft. Damit die Affekte keinen Schaden im geschöpf lichen Miteinander anrichten können, ist es nötig, sie mit dem Geist im Glauben zu zügeln. Damit die Freiheit zwischen Beliebigkeit und Gesetzlichkeit das tun kann, wozu sie im Blick auf den Nächsten da ist: Nächstenliebe üben.

Das Werk

Grundlage für das, was unter das Stichwort der Nächstenliebe zu fassen ist, ist die zweite Tafel der Gebote. An dieser Stelle gibt Luther im Sermon von den guten Werken und später vor allem in den beiden Katechismen allgemeine Anweisungen, was es heißt, seinem Nächsten wohlzutun. So können Zorn und Rachgier, die zum Töten führen können, mit der Sanftmut gezügelt werden; die Lust, welche zum Ehebruch führt, mit der Keuschheit; die Lust am Eigentum eines anderen mit Milde. Doch bleibt Luther nicht in diesem Allgemeinen stehen. Immer wieder nimmt er Stellung zu konkreten ethischen Problemen, auch wenn er nie eine Art „Handbüchlein zum sittlichen Verhalten" o.ä. verfasst. Es ist auffällig, wie vermehrt vor allem in den 20er Jahren Fragen der Ethik von ihm beantwortet werden. Das hat auf der Hand liegende historische Gründe.

Das Jahr 1521 wird für die junge Bewegung um Luther herum zu einem weiteren Schicksalsjahr, das die Irreversibilität des Begonnenen in zweierlei Hinsicht herausstreicht. Der gerade zum Kaiser gewählte Karl sieht es als seine Hauptaufgabe an, die Religionsfrage in seinem Reich zu klären. Nachdem Luther auf die Bannandrohung keineswegs eingeschüchtert und defensiv, sondern ausgesprochen aggressiv und kampfeslustig reagiert und nachdem ihn daraufhin ganz folgerichtig der Papst mit der Bulle „Decet Romanum Pontificem" vom 3. Januar 1521 mit dem kirchlichen Bann belegt hat, ist es nun Sache des Kaisers, den notorischen Ketzer rechtskräftig zu verurteilen. Auf dem Reichstag zu Worms hat Luther die letzte Gelegenheit zum Widerruf, doch in den Verhören beruft er sich ein ums andere Mal auf die Schrift; wenn man es nicht fertigbringe, ihn aus der Schrift zu widerlegen, könne, wolle und dürfe er um der Sache willen auch nicht widerrufen. Ob Luther das berühmte „Hier stehe ich, ich kann nicht anders" wirklich gesagt hat oder nicht – es gibt viele Hinweise darauf, dass er es nicht getan hat –, spielt dabei kaum eine Rolle. Jedenfalls stellt er sich gegen Kaiser und Papst, gegen weltliche und geistliche Macht auf die Autorität der Schrift allein – und wird konsequenterweise von Karl V. im Wormser Edikt vom 8. Mai mit der Acht belegt. Für Luther persönlich bedeutet dies Gefahr für Leib und Leben, nachdem er, wie man ihm zugesagt hat, den Reichstag noch als freier Mann verlassen darf (freies Geleit). Doch sein Kurfürst Friedrich wird erneut zum Retter des Reformators und zum Retter der Bewegung. Er lässt den Gebannten und Geächteten und also Vogelfreien auf die Wartburg entführen, wo dieser als Junker Jörg mit Bart und zugewachsener Tonsur leben und arbeiten kann und, wie wir bereits wissen, außerordentlich produktiv ist. Die Acht, aber mehr noch natürlich der Bann bedeutet, dass Luther nun endgültig die römischen Bahnen verlässt, ja gezwungen worden ist, sie zu verlassen. Infolgedessen steht nun, wenn die Bewegung nicht als verrückte Idee eines Einzelnen in das Kuriositätenkabinett der Geschichte verschwinden soll, die weitere Umsetzung dieser Idee in die Wirklichkeit der Welt bevor. Die reformatorische Bewegung will Ordnung und Anleitung haben, um dort Fuß zu fassen, wo die Wahrheit des Evangeliums wirken will: im Leben der Gläubigen, in der Gestaltung der Welt. So beginnt mit dem Jahr 1521 der schon oben bezeichnete Umschlag von der vertikalen in die horizontale Dimension: Der Glaube und das, was dazu zu lehren ist, kommen ins Leben.

Neben diesen bekannten Elementen der Historie ist aber die folgende Tatsache mindestens genauso entscheidend: Luthers Anreise nach und Abreise von Worms gestaltet sich als wahrer Triumphzug. Die Menschen jubeln dem Wittenberger Mönch zu und feiern ihn wie einen Helden. Und auf dem Reichstag zeigt sich, wie Luther keineswegs allein dasteht; er hat Freunde, Gönner, Gleichgesinnte, die ihn mehr oder weniger offen unterstützen. Den Mächtigen im Reich muss klar sein, wie sehr die Luthersache inzwischen eine Angelegenheit von öffentlichem Interesse geworden ist. Schon längst nicht mehr spielt sich die Bewegung allein im akademischen Hörsaal ab, und schon längst nicht mehr kann man ein armes, geistig in die Irre geleitetes Mönchlein einfach bannen und ächten und schon gerät die ganze leidige Sache in Vergessenheit. Das folgende Jahrzehnt überzieht das ganze Land mit dieser reformatorischen Bewegung, immer mehr Fürsten und Städte schließen sich ihr an und verdrängen in ihren Gebieten die alten Lehren. Die Reichstage dieses Jahrzehnts sprechen eine deutliche Sprache. Sie sind bestimmt von einem Aufbegehren der Anhänger der alten Lehre, die eine rigorose Umsetzung der Wormser Beschlüsse fordern, vor allem das Verbot des Druckes von Luthers Schriften und die Verfolgung der Anhängerschaft. Doch dieses Aufbegehren ist zu zögerlich und findet vor allem nicht die so nötige Unterstützung des Kaisers, der von ganz anderen Sorgen geplagt ist: Den drohenden Zweifrontenkrieg gegen Frankreich einerseits und die Türken andererseits zu verhindern, bindet auf Jahre all seine Kräfte und lässt ihn an keinem der Reichstage zwischen 1521 und 1530 teilnehmen. Die Luthersache dümpelt weiter vor sich hin und die

Reformation kann sich relativ ungehindert ausbreiten. Ja, die Dinge drehen sich sogar um: Der Reichstag in Speyer 1526 bietet eine Formulierung, die es den Fürsten ermöglicht, in ihren Territorien die Reformation einzuführen, ohne damit öffentlich eine Rebellion gegen das Wormser Edikt und damit gegen Kaiser und Reich zu demonstrieren. Als die Altgläubigen das folgenreiche Missverständnis beheben wollen und 1529 auf dem zweiten Speyerer Reichstag sehr massiv die Umsetzung des Edikts fordern, protestieren die Evangelischen gegen dieses Vorgehen. Fortan heißen sie „Protestierende" (Lateinisch: protestantes) und lassen keine Gelegenheit mehr aus, ihre Stellung im Reich herauszustreichen. Auch im Jahrzehnt zwischen 1530 und 1540 breitet sich so die evangelische Bewegung immer weiter aus.

Für unseren Zusammenhang bedeutet diese Ausbreitung der Reformation und ihre Konsolidierung die Notwendigkeit, Eckpfeiler für das zu benennen, was „Kirche", „Gemeinde" und „christliches Leben" im evangelischen Sinne bedeuten. Es werden Kirchenordnungen verfasst, es werden Liturgien ausgearbeitet, Lieder und Gebete gedichtet; Luther konzentriert die evangelische Lehre in seinen Katechismen auf die kürzestmöglichen Formeln; andere beginnen damit, die Lehre umgekehrt ausführlich darzustellen und gegen Fehlinterpretationen abzugrenzen; Schulen werden eingerichtet zur Unterrichtung der Kinder in der neuen Lehre, und an den Universitäten lebt das Disputationswesen wieder auf, nun aber unter den veränderten Bedingungen der reformatorischen Einsichten. Und schließlich wird das Urteil der Theologen und Juristen ein ums andere Mal bemüht in Lehrstreitigkeiten, in Fragen der Ordnung – und nicht zuletzt in ethischen Konfliktfällen. Das evangelische Leben beginnt. Und dieses evangelische Leben will verantwortlich gestaltet sein.

Der erste Bereich, zu dem Luther immer wieder recht ausführlich Stellung nimmt, ist derjenige der Ehe und Familie. Die Konzentration auf dieses Feld einer bestimmten Lebensform ist verständlich, wenn man bedenkt, wie Luther als Mönch regelrecht eingebläut wurde, dass nur der monastische, der zölibatäre Weg Gott wirklich wohlgefällt. Nachdem Luther spätestens durch den Bann zu seiner persönlichen Freiheit von den Fesseln dieses Weges gefunden hat, gelingt ihm ein anderer Blick auf diesen Themenbereich. 1522 schlägt er im „Sermon vom ehelichen Leben" die ersten und entscheidenden Pflöcke in den Boden. Er nimmt Stellung zu der Frage, wer miteinander die Ehe schließen darf („ein Er und eine Sie" – 10 II, 275/17) und widmet sich dann ausführlich dem Problem der Ehescheidung. Bei körperlicher Untauglichkeit zur Ehe, bei Ehebruch oder bei Verweigerung der ehelichen Pflichten sieht Luther sehr wohl einen Grund zur

Scheidung gegeben. Gleichwohl: Es ist zu beachten, was Ehe sein soll, und damit auch für das, was diese Ordnung verletzt und in Konsequenz zur Auflösung der Gemeinschaft führen muss. Die Ehe ist ein göttliches Geschenk und erstes, sichtbares Abbild der Beziehung, welche die vertikale Relation Gott-Mensch spiegelt. Im liebevollen, von Rücksicht und Vertrauen geprägten Miteinander wird etwas von der göttlichen Wahrheit in der menschlichen Wirklichkeit erkennbar. Dass der Mensch alleine ist, ist nach Gottes Wille nicht gut. Dies ist das einzige „nicht gut", von dem im Schöpfungsbericht die Rede ist. Wie es Gottes Wesen ist, in Beziehung und Kommunikation zum Menschen zu sein, so ist es des Menschen Wesen, in Beziehung zu einem Partner zu sein. Diese Beziehung kann – wiederum wie die zwischen Gott und den Menschen – nur dann funktionieren, wenn beide Partner nicht das Ihre suchen, sondern das Wohl und Glück des anderen. Daher ist die Ehe eine gute Ordnung, die es gelingen lässt, die natürlichen, von Gott gegebenen Triebe, die Sexualität von Mann und Frau (!) in einem geschützten Raum zuzulassen. Ja mehr noch: Man darf und kann sie genießen! Dass Sexualität nicht vom Teufel ist, sondern im Gegenteil von Gott – das ist eine in Luthers Zeit ungeheure Aussage. Luther geht sogar noch weiter und raubt den Priestern und Mönchen den aus dem zölibatären Leben gestrickten Nimbus: „In der Ehe", sagt er, „kann es keine Unkeuschheit geben wegen ihrer Einsetzung, ihres Standes und ihrer Würde, denn das ist gut. Aber es ist ein Zeichen von Unmäßigkeit, wenn einer das Seine zu viel braucht." (TR 3, Nr. 3142, 186/37–187/2) Ehe ist also zuallererst ein Raum, in dem das Ethos der mitmenschlichen Beziehungsebene seine wichtigste Bewährungsprobe erlebt. Aus diesem Grunde sind auch Kinder so wichtig. Nicht nur, dass Kinder zu zeugen und zu erziehen dem göttlichen Auftrag entspricht, fruchtbar zu sein und sich zu mehren; vielmehr sind Kinder der beste Garant dafür, dass die vielschichtige Verantwortung, von der bereits die Rede war, auch wirklich geübt wird: Wer Kinder hat, wird sein eigenes Leben sorgsam behandeln, der wird von eigenen Interessen und eigenem Vorteil abstrahieren können und seinen Blick über den eigenen Horizont hinaus richten, denn er sollte ein natürliches Interesse haben, die Welt so zu gestalten, dass seine Kinder und Kindeskinder gerne darin leben werden. Was diese Sätze in einer Zeit bedeuten, in der Kinder immer mehr wie eine lästige Ware behandelt werden, in der Vernachlässigung, Missbrauch und Töten von Kindern zur grausamen Tagesordnung gehören, ist evident.

Luther selbst wagt 1525, im ja auch sonst für die Reformationsgeschichte so wichtigen Jahr, den Schritt in die Ehe. Die Liebe dürfte dabei zumindest zunächst eine eher untergeordnete Rolle gespielt haben. Aus dem Kloster Nimbschen flüchten Nonnen. Keine seltene Begebenheit in dieser Phase der Reformation, wo viele Männer und Frauen, die nicht immer freiwillig den Weg ins Kloster gefunden hatten, die Gelegenheit ergreifen, einer ungeliebten Lebensform zu entrinnen. Für Nonnen jedoch bedeutet eine solche Flucht immer auch ein Problem, denn es stellt sich die Frage nach der Sorge für den Lebensunterhalt. Die mittellosen Frauen werden buchstäblich „an den Mann gebracht". Auch die Nimbschener Nonnen. Zum Schluss bleibt eine Frau übrig: Katharina von Bora. Obwohl Luther sein Auge eigentlich auf eine der anderen Nonnen geworfen hatte, ehelicht er Katharina am 13. Juni 1525. Das Zusammenleben mit einem anderen Menschen, mit einer Frau dürfte für ihn selbst immer wieder eine neue Überraschung sein. In der folgenden Tischrede ist darum viel eigene Erfahrung anzutreffen: „Wenn einer die Ehe eingegangen ist, hat er das erste Jahr seltsame Gedanken. Wenn er am Tisch sitzt, denkt er: ,Sieh an, eine Weile warst du allein, jetzt zu zweit.' Im Bett sieht er, wenn er sich umsieht, ein Paar Zöpfe, die er zuvor nicht gesehen hat." (TR 2, Nr. 1656, 165/13–17) Gleichwohl: Katharina wird ihm zu einer treuen und liebevollen und vor allem: geliebten Gefährtin, mit der er sechs Kinder zeugt und die den ständig anwachsenden Haushalt zu versorgen hat. Und das war nicht wenig, denn als das ehemalige Wittenberger Augustinerkloster 1532 in den Besitz der Familie Luther übergeht, gehören dazu nicht nur eine Reihe von Gebäuden, Betrieben und Bediensteten, sondern auch eine Schar von Kollegen und Studenten, die nicht nur während der legendären Tischgespräche versorgt werden wollen. Die neckende Bezeichnung Katharinas als „Herr Käthe", oft genug in Briefen an und über Katharina von Luther verwendet, drückt etwas von der Hochachtung aus, die Luther im Laufe der gemeinsamen Jahre für seine Ehefrau entwickelt.

Neben dem Thema der Ehe beschäftigt sich Luther ebenso intensiv mit dem Thema „Kinder", vor allem unter dem Gesichtspunkt der Bildung. Bildung wird von Luther durchaus als ethisches Thema gefasst. Es sei vornehmste Aufgabe der Eltern, ihre Kinder zur Bildung zu halten. Luther ist allerdings skeptisch, ob die Eltern seiner Zeit in der Lage sind, diesem Bildungsauftrag gerecht zu werden. Drei Gründe nennt er dafür, die bei näherem Hinschauen brandaktuell sind: Den Eltern fehlen die nötige Liebe und Einsicht zu ihrem Beruf als Eltern, zu dem Auftrag, den sie mit dem Geschenk ihrer Kinder zugleich erhalten haben; fehlen ihnen diese nicht, dann doch vielleicht die intellektuellen Fähigkeiten; und selbst wenn sie über diese verfügen sollten, dann fehlt es ihnen schlicht an der Zeit bei all den anderen Aufgaben, die sie haben. Für Luther tritt in dem Moment, in dem die Eltern in der ein oder anderen Richtung überfordert sind, die

Obrigkeit auf den Plan. In diesem Sinne verfasst er 1524 ein Mahnschreiben „An die Ratsherren aller Städte deutschen Landes, dass sie christliche Schulen aufrichten und halten sollen". Die Obrigkeit wird darin aufgefordert, dafür zu sorgen, dass die Seelenbildung der Kinder geordnet abläuft. Und zwar muss sie daran in dreierlei Hinsicht Interesse haben. Erstens nutzt ein gut erzogener Christenmensch der Gemeinschaft. Gerade darin, so Luther, besteht das Werk des Teufels, dass er das Schulwesen vernachlässigen lässt, um die Welt auf diese Weise leichter und besser in Unordnung zu bringen. Bildung ist daher ein wichtiges Element recht verstandener christlicher Freiheit. Der zweite Grund für die Obrigkeit, ihr Geld in die Bildung der Jugend zu investieren, ist der rechte Zeitpunkt, der Kairos. Noch nie habe Deutschland so viele geschickte und tüchtige junge Leute gesehen, die fähig sind zu Predigtamt und anderen Ämtern. Es gelte, diese Zeit der göttlichen Gnade, die nun angebrochen sei, zu erkennen und zu nutzen. Und ein drittes Moment nutzt Luther als Mahnung an die Obrigkeit: das Gebot Gottes, das dazu anhalte, die Kinder zu lehren. Hierzu beruft sich Luther auf Ps 78, 5–7 und natürlich auf das 4. Gebot. Schon ein Blick in die Natur, so Luther, genüge zu erkennen, dass selbst unvernünftige Tiere sich selbstverständlich um ihren Nachwuchs kümmern und sorgen und ihnen alles beibringen, damit dieser lebenstüchtig würde – und der Mensch sollte es nicht tun?

Gute, vernünftige und einsehbare Gründe also sind es, die Luther veranlassen, die Obrigkeit daran zu erinnern, sich ihrer Fürsorge für die Untertanen anzunehmen und für eine rechte Ausbildung zu sorgen. In dieser Fürsorge treten sie an Gottes Statt – wie die Parallelisierung von Eltern und Obrigkeit in der Auslegung des 4. Gebotes erwiesen hatte. Materialiter hält Luther für die Ausbildung leidenschaftlich die Sprachen für notwendig, ohne die Gottes Wort nicht verstehbar ist. Für die Theologie hat Luther einen weiteren Kanon von Bildungsinhalten definiert: die freien Künste und den Katechismus. Dass Luther dem Trivium übrigens die Geschichte zuordnet, damit man die Welt in ihren Abläufen versteht, sei in einer Zeit zunehmender Geschichtsvergessenheit besonders hervorgehoben. Dienen die Sprachen dazu, den Bibeltext äußerlich, und die freien Künste, die christliche Existenz in einem System zu verstehen, das sich bestimmter festgelegter Regeln bedient, über die alle verständigt sein müssen, damit Kommunikation funktioniert, so soll schließlich der Katechismus dazu dienen, Bibelkenntnis und Regelbeherrschung in den Fundamenten christlicher Existenz und der Relation Gott-Mensch innerlich anzuwenden und mit Hilfe dieser innerlichen Anwendung ein sozial verträglicher Mensch zu werden. Dieser letzte Gesichtspunkt macht aus der Theologie eine Lebens- und Kulturwissenschaft und ihr Spezialissimum aus. Die ersten beiden Elemente aber finden sich in ähnlicher Form in allen Wissenschaften: Jeder muss sein Fach verstehen und Kommunikationsregeln beherrschen, um verständlich zu bleiben und selbst zu verstehen. Luther hat also sehr genau erkannt, worauf es ankommt: Es muss darum gehen, Inhalte zu beherrschen und diese Inhalte verantwortlich zu vermitteln. Beides aber kommt nicht einfach so „angeflogen". Damit das gelingt, bedarf es der Elementarschule; es bedarf der höheren Schule, schließlich der Universität. Luther hat sehr wohl gesehen, dass die reformatorische Bewegung auf das Bildungswesen zunächst nicht nur fördernd gewirkt hat: Die Schließung von Klöstern und Stiften, eine gewisse Wissenschaftsfeindlichkeit, die Schwierigkeit, geeignete Prediger zu finden, und schließlich die Weigerung der Obrigkeiten, in die Bildung angemessen zu investieren – all dies ist Ursache für die Ratsherrenschrift und die in ihr erhaltenen Mahnungen sowie mancher Klage Luthers gewesen. Dass die Reformation sich auf der Basis dieser Gedanken zu einem Träger und Förderer einer weiten Bildungsreform gewandelt hat, gehört zu den zahlreichen Errungenschaften dann vor allem der 30er Jahre des 16. Jahrhunderts, als zum Beispiel das Disputationswesen neuen Aufschwung erlebte und zahlreiche Schulen im reformatorischen Geist gegründet wurden.

Ein drittes Feld christlicher Ethik, das Luther in seinen Schriften berührt, ist die Frage, ob und unter welchen Umständen Krieg zu führen ist. Luther nimmt dazu auf eine Anfrage hin 1526 in der Schrift „Ob Kriegsleute auch in seligem Stande sein können" Stellung. Und auch in dieser Schrift legt Luther seine Fundamentalunterscheidung von Amt bzw. Werk und Person zugrunde. In der Konsequenz gilt auch für das Kriegswerk, dass es grundsätzlich dazu dienen kann und soll, die göttliche Ordnung zu verteidigen; dies aber kann nur in veranwortungsvoller Weise gelingen, wenn auch der Kriegsherr „in Ordnung" ist. Und da dies grundsätzlich nicht möglich ist, wenn das simul iustus et peccator gilt, wird ein Krieg nie „gut" sein, nie gerecht – sondern immer zugleich sündhaft. Krieg als von Gott eingesetztes Mittel hat dem Frieden zu dienen. Allerdings darf man zu diesem Mittel nur greifen, wenn alle anderen ausgereizt sind und eine Abwägung der Güter ergibt, dass der Krieg demgegenüber, gegen das er gerichtet ist, das kleinere Übel ist. So kann Luther 1529 und 1530, als die Türken gefährlich nah herangerückt sind und vor den Toren Wiens stehen, deutlich und unmissverständlich zum entschlossenen Vorgehen gegen sie aufrufen, da er in ihnen den letzten Feind Christi erblickt. Man soll den Krieg nicht suchen. Aber man darf auch nicht so tun, als sei die Welt schon durch und durch Reich Gottes. Will sagen: Solange die Welt ist, solange wird es

Unruhe, Feindschaft, Gewalt und Krieg geben. Dem gilt es zu wehren, wie lange und wie gut immer das möglich ist. Aber dem gilt es auch, sich zu stellen und nach weltlichen Maßstäben und Gesichtspunkten zu begegnen. Das Staatswesen (politeia) als dritter Stand neben Kirche (ecclesia) und Hausstand (oikonomia) gehört nach Luthers Verständnis der Genesis, der Geschichte von der Erschaffung der Welt, erst nach dem Sündenfall zum Menschen als ihn dimensionierende Lebensbedingung dazu. Und die Politik hat mit ihren Mitteln dafür zu sorgen, dass Frieden erhalten wird. Das Staatswesen ist also kein Moloch, kein diffuses Gegenüber des Menschen, sondern der dritte Stand, der sein Wesen bestimmt: die ecclesia bezeichnet seine vertikale Relation, die oikonomia und die politeia seine horizontalen Relationen sowie die sozialen und ökonomischen Geflechte seiner irdischen Existenz.

In diesem Zusammenhang ist es auch verständlich, wenn Luther 1524 in der Schrift „Von Kaufshandlung und Wucher" zu einem finanzpolitischen Problem seiner Zeit Position bezieht und grundsätzlich Kaufen und Verkaufen nicht als unchristliche Angelegenheit betrachtet, sondern vielmehr als zum Leben notwendig und als etwas, das gut christlich zu gebrauchen ist. Aber auch hier gilt wieder, dass dies nur dann in verantwortungsvoller Weise gelingen kann, wenn niemand das Seine über Gebühr sucht. Luther wendet sich vehement und immer wieder gegen den Wucher, zuletzt noch in einer Mahnschrift 1540 „An die Pfarrherren wider den Wucher zu predigen".

Betrachtet man zusammenfassend Luthers grundsätzliche Bemerkungen zum Werk des Christen und zu einer Grundlegung der Ethik sowie seine – hier nur beispielhaft genannten – Äußerungen zu materialethischen Themen, dann lässt sich beobachten, wie sich mit ihm die Ethik von einer Ethik zum Tode (wie kann ich so leben, dass ich im Gericht gut dastehe und selig werde?), die ihn knechtet, über neue Fundamente zu einer Ethik zum Leben wird (wie kann ich so leben, dass mein Leben je und je neu Zeugnis meiner mir geschenkten Seligkeit ist?). Mit der Fundamentalunterscheidung von Person und Werk und seinen Begriffen von christlicher Freiheit und Gewissen gelingt es ihm, Ethik oder – um im Terminus seiner Zeit zu bleiben – die guten Werke, die Frömmigkeitspraxis gewissermaßen aus dem Himmel in diese Welt, also dorthin, wohin sie gehört, zurückzuholen. Das zeichnet Luther aus: Fundamentales zu formulieren, das dennoch (wie man heute sagen würde) die Menschen dort abholt, wo sie stehen. Das zeigt sich auch im gesamten Bereich dessen, was im Folgenden „Alltagstheologie" genannt werden soll.

9

Gemeinde und Gottesdienst – Luthers Alltagstheologie

Luthers Theologie ist – das konnte bisher immer wieder festgestellt werden – eine Lebenstheologie in nuce. Leben ist dabei zu verstehen als von Gott geschenkt, erhalten und erlöst, als Leben in Beziehung und Kommunikation und als Leben, das per se würde- und wertvoll ist und in Verantwortung geschieht. Christliche Theologie hat in eben diesem Sinne vom Leben zu künden und ins Leben hinein gerichtet zu sein. Davon zeugt auch der Luther, der eher abseits von den großen, theologischen Würfen lebt und wirkt, der als Seelsorger und Pfarrer für seine Gemeinde zu sorgen hat und der das Leben selbst als Gottes- und Menschendienst versteht. Seine zahllosen Briefe und kleineren Traktate, vor allem seine Predigten und geistlichen Lieder sind ein beredtes Beispiel dafür, wie wenig Luther sich in irgendeinem wissenschaftlichen Elfenbeinturm verschanzt oder in Gelehrtendiskussionen aufreibt. Immer und stets hat er die Sorgen und Nöte der ihm Anvertrauten im Blick. Seine Theologie ist keine, die am Menschen vorbeiginge, sondern die sich um nichts anderes dreht als darum, wie der Mensch auch schon in diesem Leben gewiss, frei und getröstet existieren kann.

Dazu gehört vor allem anderen die Aufgabe, die theologischen Fundamentaleinsichten so zu vermitteln, dass sie jeder und jede verstehen kann. Als in der zweiten Hälfte der 20er Jahre des Reformationsjahrhunderts die reformatorischen Gedanken in die Lebenswelt der Menschen drängen, bemühen sich daher zunächst Juristen und Theologen, Kirchenordnungen zu erstellen, die einerseits das reformatorische Profil klar zeichnen, andererseits jeden Wildwuchs verhindern sollen. Ein zweiter Schritt ist die Überprüfung, ob innerhalb dieser Ordnungen und des daraus erwachsenden gemeindlichen Lebens der neue Geist frei wehen kann: Visitationen sollen dafür sorgen, dass in den Gemeinden die rechte reformatorische Lehre Raum hat, und Philipp Melanchthon gibt im „Unterricht der Visitatoren" 1528 Anleitung zu deren Durchführung. Schließlich werden – wie bereits im letzten Kapitel beschrieben – Schulen errichtet und Universitäten reformiert, damit sich von dort aus das lutherische Gedankengut verbreiten kann. 1527 wird die erste evangelische Universität in Marburg gegründet. Zu dieser praktisch umgesetzten Reformation gehört vor allem auch eine kontrollierte Pfarrerausbildung. Als 1530 auf dem Augsburger Reichstag die Protestanten dem – wieder einmal anwesenden – Kaiser einen von Philipp Melanchthon verfassten Bekenntnistext übergeben, die Confessio Augustana, entwickelt sich dieser Text recht schnell zum Prüfstein für die Frage, ob Pfarrer und Lehrer der Theologie auf dem von Luther bereiteten Boden stehen oder nicht.

Luther selbst übt seine „Alltagstheologie" noch konkreter auf mehreren Ebenen aus.

Gestalt und Gestaltung des Gottesdienstes

Luther legt, wie wir beobachten konnten, nicht umsonst viel Wert auf das Wort: Das schöpferische, Leben schaffende Wort Gottes findet seine Entsprechung im Wort des Menschen, das Gottes Wort des Lebens – buchstäblich – zur Sprache kommen lässt.

Insofern verwundert es kaum, dass Luther im Gottesdienst als dem Ort, an dem Gottes Wort zu Gehör gebracht werden soll, der Predigt eine Vorrangstellung einräumt. Kommt der Glaube aus dem Hören und nicht aus dem Sehen, dann können Bilder und Zeremonien sehr wohl das Gehörte unterstreichen, aber niemals ersetzen. 1523 schon benennt Luther in der Schrift „Von der Ordnung des Gottesdienstes in der Gemeinde" als hauptsächlichen Missbrauch, den er im Gottesdienst eingerissen sieht, die Verdrängung des Wortes Gottes. Weder in Predigt noch in Lesung oder Lied komme es zur Geltung. Luther warnt: „[W]o nicht Gottes Wort gepredigt wird, ist es besser, dass man weder singe noch lese noch zusammenkomme." (12, 35/24f.) Gottes Wort soll verstanden werden als Auslegung der Schrift; damit aber diese Auslegung kontrollierbar bleibt, soll der Text, um den es geht, auch gelesen werden. Überhaupt stellt das Lesen aus den Schriften Alten und Neuen Testaments einen wesentlichen Teil des Gottesdienstes dar, der nicht nur sonntags, sondern auch alltags, und zwar morgens und abends stattfinden soll. Etwas ist hier sicher noch spürbar von dem Mönch Luther, der die Gebete und Lesungen zu mehreren festen Zeiten sicher als den angenehmeren Teil seines klösterlichen Lebens empfunden hat. Gleichwohl betont Luther die Besonderheit und Exzellenz des Sonntages und seines Gottesdienstes. Die Sonntagsruhe zu halten, ist die Erfüllung des Sabbatgebotes. Dieses Gebot hat Gott um des Menschen willen gegeben; Arbeit und Ruhe gehören daher zur weltlichen Existenz des Menschen, und in beidem dient der Mensch Gott. Daher soll aber auch der Sonntag aus dem Alltag aufragen und Gelegenheit sein, Gott in hervorste-

chender Art die Ehre zu erweisen, wie Luther u.a. in der „Summe christlichen Lebens" von 1533 betont: Der Sonntag ist deshalb heilig, weil er
durch Gottes Wort geheiligt ist; und darum soll er auch vom Menschen als
heilig gefeiert werden (vgl. 36, 354/32–34).

Wichtig ist, dass dieses häufige Lesen und Predigen nicht zu einem hoh-
len Geplärre verkommt. Die Aufmerksamkeit sowohl des Predigers als
auch des Zuhörers wird stets erfordert, damit man sich nicht von den Worten der Schrift und deren Auslegung sanft einlullen, sondern vielmehr auf-
wecken lässt. So stellt Luther an den Prediger auch nicht geringe Ansprüche: „Ein Prediger ist wie ein Handwerker; sein Werkzeug ist das Wort
Gottes. Weil aber die Zuhörer, an denen er wirkt, verschieden sind, darf er
nicht unablässig mit demselben Tenor reden, sondern je nach Verschie-
denheit der Zuhörer soll er einmal trösten, erschrecken, schelten, versöhnen usw." (TR 1, Nr. 234, 98/27–99/2) Mehrfach weist Luther darauf hin,
wie wichtig es für eine gelungene Predigt ist, wenn der Prediger nicht das
Seine sucht, sondern in zweifacher Hinsicht den Blick woanders hin richtet: auf Gott, dem er Rechenschaft darüber ablegen muss, ob er sein Wort
recht durchdrungen hat; auf seine Zuhörer, ob er ihnen in ihrer je eigenen
Situation das verkündet, was Gottes Wort ihnen zur Hilfe anbietet. Wie oft
haben wir in heutigen Predigten das Phänomen, dass zwar die Gläubigen
auf eine bestimmte aktuelle Situation angesprochen werden, aber ihnen
nicht aus der Schrift auf diese Situation geantwortet wird, sondern aus dem
„Gefühl" oder der „Meinung" des Predigenden heraus. Wie viele Pfarre-
rinnen und Pfarrer suchen ihre Predigthemen in der Tageszeitung – nicht
aber in der Schrift, die auf diese tagesaktuellen Themen immer schon antwortet! Das tröstende Wort hinter dem Prediger ist zu suchen, aus dem
letztlich auch dieser selbst allein lebt und wirken kann. Der Prediger muss
wissen, worin sein eigentlicher Auftrag besteht und dass er durch diesen
Auftrag eine enorme Verantwortung zu tragen hat. „Ein Prediger soll auf
die Kanzel steigen, den Mund öffnen und schließen, das heißt: Er möge als
Berufener sorgfältig und verständlich lehren und nicht durch einen zu
großen Wortschwall die Zuhörer beschweren." (TR 4, Nr. 5171a, 692/6–8)
Non multa, sed multum – nicht viele Worte soll ein Prediger machen, sondern mit wenigen Worten viel aussagen. Das Evangelium ist eine klare und
einfache Sache. Daher hat die Predigt keine andere Aufgabe, als dieses Klare
und Einfache zum Klingen zu bringen. Da jeder Mensch, der aus der Taufe
gekrochen ist, priesterlichen Standes ist, kann und soll auch jeder in der
christlichen Gemeinde fähig und willens sein, andere dahingehend zu beurteilen, ob diese darüber hinaus ein priesterliches Amt ausüben können.
Die Berufung eines Predigers aus der Gemeinde heraus und demgemäß

auch die Möglichkeit, ja Notwendigkeit, einen unfähigen Prediger wieder abzusetzen – diese beiden Elemente stellen für Luther ganz wichtige Kennzeichen einer mündigen Gemeinde dar.

Um diese Mündigkeit zu erreichen, zu fördern und zu erhalten, setzt sich Luther stark für die Deutsche Messe, das heißt einen Gottesdienst ein, der in der Sprache der Laien, der Sprache des Volkes gehalten wird. Die in Latein gehaltene Messe soll dafür nicht vollständig aufgegeben werden, und zwar schlicht deshalb nicht, weil Latein (damals) eine Sprache war, mit der man sich überall auf der Welt unter Gebildeten verständigen und in der man überall auf der Welt Messe halten konnte, und jeder hat verstanden, worum es gerade ging. Wie es heute im römischen Katholizismus immer noch bzw. wieder ist. Daher sollte also die Lateinische Messe nicht verurteilt werden. Wohl aber soll „um der einfältigen Laien willen" (19, 74/23) die Deutsche Messe so weit das verständlich machen und nahe bringen, worum es im Gottesdienst zu gehen hat, dass eine Messe in einer anderen Sprache die Leute nicht mehr willentlich in der Unwissenheit halten kann. Die Ordnung, die Luther auf dieser Grundlage aufstellt, durchdekliniert vom Eingangslied bis zum Schlusssegen, will er indes als Adiaphoron verstanden wissen. Ordnungen kommen und gehen und haben sich nach der gerade verständig gewordenen Generation zu richten. „Ordnung", so Luther, „ist ein äußerliches Ding, sie sei, so gut sie will, sie kann missbraucht werden. Dann aber handelt es sich nicht mehr um eine Ordnung, sondern um eine Unordnung; darum besteht und gilt keine Ordnung um ihrer selbst willen etwas, wie bisher die päpstlichen Ordnungen geachtet wurden, sondern das Leben, die Würde, die Kraft und die Tauglichkeit jeder Ordnung besteht in ihrem rechten Gebrauch, sonst gilt und taugt sie gar nichts." (19, 113/13–18)

Luthers Ideal freilich ist es, dass nicht nur eine Lateinische und eine Deutsche Messe gehalten werden, sondern man sich im häuslichen Bereich, im kleinen Kreis, trifft, die Bibel liest, sie auslegt und diskutiert, predigt und die Sakramente darreicht. In einer solchen Gemeinde würden sich die treffen, die „mit Ernst Christen sein wollen und das Evangelium mit Hand und Mund bekennen" (19, 75/5f.). Überdies sei die Kontrolle in einer solchen kleinen, überschaubaren Gemeinde viel einfacher zu leisten. Jedoch kennt Luther 1526, als er die Ordnung für die Deutsche Messe verfasst, noch nicht genügend solcher ernsthafter Christen – und er wird sie bis zu seinem Tod 1546 auch nicht kennenlernen. Allerdings wird der Pietismus des 17.und 18. Jahrhunderts Luthers Idee von einer Gemeinde in der Gemeinde (ecclesiola in ecclesia) aufnehmen und in den Konventikeln lebendig werden lassen.

Katechismus – Theologie für zu Hause

In anderer Form jedoch verwirklicht Luther seine Alltagstheologie für den Laien zu Hause, für alle also, die jedenfalls mit Ernst Christen werden wollen: in den beiden Katechismen von 1529. Luther trägt sich schon länger mit dem Gedanken, eine für alle verständliche Zusammenfassung der Lehre in Katechismusform niederzuschreiben. Als Ende der 20er Jahre des 16. Jahrhunderts erste Visitationen in lutherischen Gemeinden stattfinden und das erschreckende und ernüchternde Ergebnis zutage fördern, wie wenig von der lutherischen Lehre bei den Gemeindepfarrern und den Gemeindegliedern, angekommen ist, setzt sich Luther daran, seinen Plan zu verwirklichen. Auf der Basis von verschiedenen Predigtreihen beginnt er 1528 mit der Arbeit an dem Deutschen Katechismus, für den später die Bezeichnung „Großer Katechismus" üblich wird. Die Arbeit am Kleinen Katechismus, den Luther als Handbüchlein für Haus und Gemeinde versteht, verläuft beinahe parallel dazu. Er beinhaltet den traditionellen Katechismusstoff sowie weitere Elemente und ist folgendermaßen gegliedert: 10 Gebote, Glaubensbekenntnis, Vaterunser, Taufe, Beichte und Abendmahl, Gebetspraxis und Haustafelsprüche. Beide Texte erscheinen 1529, der Kleine Katechismus zunächst auf Tafeln, die in Schulen und in Kirchen aufgehängt werden: Jedes Kind soll mit den Grunddaten christlicher Lehre und Lebenspraxis vertraut werden. Beide Texte erleben zahlreiche Neuauflagen, bei denen es zu Ergänzungen kommt, insbesondere werden Gebete hinzugefügt sowie liturgische Texte (das Tauf- und das Traubüchlein). Der Kleine Katechismus erlebt eine weite Verbreitung, und es darf angenommen werden, dass er in zahlreichen Familien zur Gestaltung des alltäglichen christlichen Lebens dient. Es wäre jedoch verfehlt, den Kleinen einfach für einen Auszug oder eine Summe des Großen Katechismus zu halten. Vielmehr sind beide zu lesen, wenn man wissen will, was Luther für das „Grundwissen" des christlichen Glaubens hält.

Die Funktion des Katechismus ist daher: Er muss erstens zur inneren Stabilisierung des Protestantismus beitragen und in Konsequenz dessen die Lehre unmissverständlich und in Abgrenzung zu anderen Lehren darlegen. Er muss dies zweitens in einer äußeren und inneren Form tun, die verdeutlicht, dass die Sache des Evangeliums, dass die offenbarte Wahrheit, dass die Verheißung nicht eine Angelegenheit für wenige ist, für Gelehrte etwa oder für Mönche oder Kleriker, sondern jeden in seiner Existenz als Geschöpf Gottes angeht; daher braucht er keiner von außen diktierten Logik oder Systematik folgen, vielmehr der Logik der Heiligen Schriften; er muss sich einer einfachen Sprache bedienen, die gleichzeitig aber nicht oberflächlich ist, und er muss in der Lage sein, in aller Kürze die Summe des Glaubens darzulegen. Drittens schließlich muss der Katechismus als Folge der ersten beiden Punkte den Mut haben, angreifbare Fundamentalaussagen zu treffen, die den Einzelnen in seiner gesamten Existenz treffen, betroffen machen und ihn in die Zeugenschaft für das Evangelium mit hinein nehmen. Zusammengefasst könnte man formulieren: Der Katechismus soll befähigen zu kompetentem Dialog. Ein Christ, der nicht weiß, warum er Christ ist und was es in Gedanken, Worten und Werken heißt, Christ zu sein, wird nie einen fruchtbaren Dialog führen können.

Genau dies hat Luther im Sinn, wenn er schon in der Vorrede zur Deutschen Messe 1526 den Katechismus einen Unterricht nennt, der „leichtverständlich[…], schlicht[…], einfältig[… und] gut[…]" (19, 76/2) sein soll. Zur Seligkeit muss ein Mensch wissen, was er soll, aber nicht kann: das Gesetz, wie es in den Zehn Geboten begegnet. Er muss wissen, dass er dennoch dann, wenn er sich dem Willen Gottes demütig ergibt und den Verheißungen Christi glaubt, in der Welt von Gott geführt wird und zur ewigen Seligkeit ohne eigenes Zutun gelangt: das Evangelium, wie es sich im Vaterunser spiegelt. Er muss wissen, dass die Tradition für die Geschichte des dreieinigen Gottes mit den Menschen Worte gefunden hat, die Gottes Gnadenhandeln als Schöpfer, Erhalter, Erlöser und Vollender in Vergangenheit, Gegenwart und Zukunft, im Leben und im Sterben in ihrer knappsten und sachlichsten Form wiedergeben und mit denen zu bekennen den Christen von allen anderen Menschen und Religionen unterscheidet: das Glaubensbekenntnis. Und später wird mit dem Wissen um das, was und wozu Sakramente sind, der Mensch in der Kirche auf der Pilgerreise des Lebens angesprochen.

Zur Methode schlägt Luther vor, über den Katechismus zunächst regelmäßig zu predigen. Von dieser Empfehlung aus findet die Katechismuspredigt Eingang in die Kirchenordnungen und gehört bis etwa in das erste Viertel des 18. Jahrhunderts zu den prominentesten Gattungen kirchlicher Texte. Luther kennt aber sehr wohl auch die Grenzen dessen, was auf der Kanzel und von der Kanzel herab möglich ist. Darum dringt er nachdrücklich auf die Fortsetzung der Unterweisung im familiären, häuslichen Umfeld. Die Bedeutung, die Luther der Familie zuschreibt, ist bemerkens- und bedenkenswert und provoziert natürlich viele Fragen in Hinsicht auf die Vermittelbarkeit der Ansichten Luthers unter den Bedingungen der modernen Gesellschaft. Das dritte und vielleicht wichtigste Element ist der dialogische Charakter des Katechismus. Nicht nur memoriert werden sollen die zum Heil notwendigen Stücke des Glaubens. Sie sollen abgefragt werden. Man kann nun fragen, welche Konsequenzen diese Didaktik auf

die Wahrnehmung und bleibende Präsenz der Inhalte hat, und wird wohl
– schon in Erinnerung etwa des eigenen Vokabellernens – feststellen, dass
Abgefragtes besser haften bleibt als still auswendig Gelerntes. Dazu wird
man konstatieren müssen, Luther halte hier an der Tradition des Katechismus und seinem ursprünglichen Herkunftsort (eine Art Aufnahme-
prüfung vor der Taufe) fest. Wichtiger scheinen jedoch hinsichtlich dieses
methodischen Vorschlags die Aspekte zu sein, die eine Übereinstimmung
von Form und Inhalt andeuten. Theologische Lehre ist etwas, was sich
dialogisch erschließt. Das Ziel des Katechismus ist, die Lehre in die Herzen
zu treiben.

In der Vorrede zum Kleinen Katechismus mahnt Luther die Prediger
dazu, den Katechismus „dem Volk von Wort zu Wort für[zu]bilden" (BSLK
502/37). Der Glaube soll Buchstabe für Buchstabe beigebracht werden, in
der richtigen Reihenfolge, im richtigen Maß. Wer das Alphabet mittendrin
zu lernen beginnt, der wird es auf ewig durcheinanderbringen, der versteht
nicht von A bis Z, dem werden Anfang, Mitte und Ziel des Glaubens ver-
schlossen bleiben. In der Vorrede zum Großen Katechismus wünscht er
den Gelehrten, sie möchten Kinder werden und das ABC anfangen zu lernen. Eine weitere Empfehlung an die Prediger ist, stets eine bestimmte
Form beizubehalten, um das junge Volk nicht zu verwirren. Das konsequent weitergedacht, hätte enorme Auswirkungen für alle modernen Ver-
suche bedeutet, im Katechumenen- oder Konfirmandenunterricht mit
neuen Formen die jungen Menschen zu interessieren. Haben die jungen
Leute den Wortlaut verinnerlicht, soll ihnen nun auch das Verständnis nä-
hergebracht werden. Aus dem Alphabet sollen gewissermaßen Worte und
Sätze werden. So wird der Katechismus überdies zu einer Art Schutzschild
gegen Sünde und Teufel, da dieser das Wort Gottes nicht leiden kann. Träger des Katechismus sollten vier Kreise sein. Zunächst die Hausväter, also
die Vorsteher der Familie. Von den Schulmeistern soll dieses Werk der
Hausväter unterstützt werden; ein Tag in der Woche soll nach dem „Unterricht der Visitatoren" der christlichen Unterweisung dienen. Schließlich
sollen die Pfarrherren über den Katechismus predigen; und die Fürsten
sollen ihn und seinen Unterricht schützen. In dieser Weise wird der Katechismus auch in nachlutherischer Zeit etwa für Patenschafts- und Ehee-
xamina eingesetzt, ebenso in Hauskreisen, und gewinnt somit eine weite
Bedeutung im protestantischen Alltag. Luther selbst beschreibt sich als
immerzu aus dem Katechismus Lernenden: „Ich bin auch ein Doktor und
Prediger, ja so gelehrt und erfahren, wie die alle sein mögen, die solche Ver-
messenheit und Sicherheit haben. Immer noch tue ich wie ein Kind, das
man den Katechismus lehrt, und lese und spreche auch von Wort zu Wort

am Morgen, und wenn ich Zeit habe, das Vaterunser, die Zehn Gebote, das Glaubensbekenntnis, die Psalmen etc., und muss noch täglich dazu lesen und studieren und kann dennoch nicht bestehen, wie ich gerne wollte, und muss ein Kind und Schüler des Katechismus bleiben und bleib es auch gerne." (BSLK 547/29–548/6.)

Trost im Leben und im Sterben

An dieser Stelle das Schatzkästlein der Gebete und Lieder Luthers aufzutun ist nahezu unmöglich. Zu zahlreich sind die Texte, die auf ihre ganz eigene Weise ein Spiegelbild seiner Theologie sind. Luther selbst versteht das geistliche Lied als Förderung und Einübung von Gottes Wort und christlicher Lehre, wie er in der Vorrede zum Wittenberger Gesangbuch schreibt (vgl. 35, 474/9f.). „Frau Musica" erhält von ihm ein Loblied, da mit ihr sich aller Trübsinn vertreiben lasse und Gottes Botschaft, die gewiss, frei und getröstet macht, in ihrer Art verkündet: „Hier bleibt kein Zorn, Zank, Hass noch Neid. // Weichen muss alles Herzeleid, // Geiz, Sorge und was sonst hart an Leid // Fährt hin mit aller Traurigkeit", dichtet Luther (35, 483/23–26). Die mit dem Gesang verbundene Freude ist eine Freude Gottes, nicht eine des Teufels und der Sünde; im Gegenteil kann man mit der Musik gerade auch den Teufel vertreiben. In wunderbarer Gelassenheit und Ironie kann er darum einem in Schwermut versunkenen Freund raten: „[W]enn ihr traurig seid und es will überhand nehmen, so sprecht: ‚Auf! Ich muss unserem Herrn Christus ein Lied auf dem Regal [eine kleine Tastenorgel] schlagen [...]; denn die Schrift lehrt mich, er höre gerne fröhlichen Gesang und Saitenspiel.' Und greift frisch in die Tasten und singt drauf los, bis die Gedanken vergehen [...]. Kommt der Teufel wieder und gibt euch eine Sorge oder traurige Gedanken ein, so wehrt euch frisch und sprecht: ‚Aus, Teufel, ich muss jetzt meinem Herrn Christus singen und spielen.' [...] Wie jener Ehemann tat: Als seine Ehefrau anfing zu nagen und zu beißen, nahm er die Pfeife unter dem Gürtel hervor und pfiff getrost, da war sie zuletzt so müde, dass sie ihn zufrieden ließ" (B 7, 105/26–40).

Von solcher feinen Ironie, die doch des Ernstes in keiner Weise entbehrt, zeugen viele seiner Trostbriefe, die er an Freunde schreibt, die ihn in großer physischer oder psychischer Not um Hilfe bitten oder seines Zuspruches bedürfen. Luther nimmt wie kaum ein anderer seiner Zeitgenossen die Anfechtungen ernst und gibt Rat, mit ihnen so umzugehen, dass man sie zulassen darf, aber nicht unter ihnen zerbricht. In diesem Zusammenhang beschreibt er 1521 in der „Tröstung für eine Person in hohen Anfechtungen", wie wichtig es ist, sich Gottes Wort in einer solchen Situation sagen zu lassen. Man kann sich nicht selbst trösten, sondern ist auf den Zuspruch eines anderen angewiesen. In diesem Zuspruch wird deutlich, wie sehr die Anfechtung Teil des Glaubens ist, der nicht das Seine sucht und nicht um sich selbst kreist, sondern in der doppelten Beziehung zu Gott und den Menschen Fragen und Problemen ausgesetzt ist und immer wieder gefestigt werden muss. Damit dies gelingt, hält die Schrift selbst eine Schatztruhe mit trostreichen Sprüchen bereit, besonders in den Psalmen, von denen ein wesentlicher Bestandteil nicht umsonst die Klage ist.

Die größte Anfechtung des Lebens ist natürlich das Sterben geliebter Menschen und nicht zuletzt das eigene Sterben. Luther erfährt hautnah, was es bedeutet, geliebte Menschen zu verlieren, als 1528 seine nicht einmal ein Jahr alte Tochter Elisabeth stirbt, 1542 seine Tochter Magdalene im Alter von 13 Jahren. Immer wieder sterben Freunde und Wegbegleiter oder erkranken schwer. Luther selbst wird ab Mitte der 20er Jahre von heftigen Schmerzen und Leiden geplagt, die ein ums andere Mal seinen nahen Tod befürchten lassen. Die aufreibenden Jahre zwischen 1505 und 1525 hinterlassen ihre Spuren, und so produktiv und eifrig Luther als akademischer Lehrer und Schriftsteller in den Jahren danach auch noch sein wird, ist er sich doch stets seiner Vergänglichkeit und Hinfälligkeit bewusst. So spielen die Themen Sterben und Tod in seinen letzten 20 Lebensjahren immer wieder eine herausragende Rolle –Themen bzw. Grenzsituationen des Lebens, in denen sich gewissermaßen die Tauglichkeit der Theologie Luthers zu bewähren hat. Und wie sie das tut! So kann Luther 1533 in einer Osterpredigt mit aller Kraft und Überzeugung die ganze Herrlichkeit des Kreuzes und der Auferstehung leuchten lassen als das große Meer, gegen das Sünde und Tod, auch in ihrer hundertfachen Vermehrung, nur ein Fünklein sind (vgl. 37, 31/15–19). Und 1519, in dem wunderschönen „Sermon von der Bereitung zum Sterben" lässt er die Christusbotschaft als Botschaft für jeden Einzelnen in seiner einsamsten Stunde, in der Stunde des Sterbens, aufleuchten: „[W]as soll dir dein Gott mehr tun, damit du den Tod willig annimmst, nicht fürchtest und überwindest? Er weist und gibt dir in Christus das Bild des Lebens, der Gnade, der Seligkeit, damit du dich vor dem Bild des Todes, der Sünde, der Hölle nicht entsetzt. Er legt dazu deinen Tod, deine Sünde, deine Hölle auf seinen liebsten Sohn und überwindet sie dir, dass sie dir nicht schaden." (2, 697/14–19) Luthers Worte sind deshalb von so unvergleichlicher Kraft, weil sie das Sterben und den Tod in keiner Weise verharmlosen oder in ihrer Bedeutung für den Einzelnen herunterspielen. Luther kann all das stehen lassen, was Tod bedeutet und was persönliche Hölle meint. Und zugleich kann er aus der Kraft des Christusgeschehens heraus den Trost zusagen, dass all dies ein gewichtiges Wort hat – aber nicht das letzte! Und so kann Luther durchaus auch im Blick auf seinen eigenen Tod im Lied 1542 dichten: „Mit Fried und Freud ich fahr dahin in Gottes Wille; // getrost ist mir mein Herz und Sinn, sanft und stille, // wie Gott mir verheißen hat: der Tod ist mein Schlaf worden. // Das macht Christus, wahr' Gottes Sohn, // der treu Heiland, den du mich, Herr, hast sehen lan //und g'macht bekannt, dass er sei das Leben mein und Heil in Not und Sterben." (EG 519, 1+2)

Ob Luther tatsächlich Friede und Freude empfindet, als er am 18. Februar in Eisleben, wohin er zur Schlichtung eines Erbstreites gereist war, stirbt, vermag niemand zu sagen. Doch was gesagt werden kann, ist dies: Sein Leben ist geprägt von Kampf und Auseinandersetzung um der Sache des Evangeliums willen. Dieses Evangelium aber ist ihm selbst zugleich immer ein ungeheurer und unvergleichlicher Trost gewesen. Und eben darum sah er es als seine Hauptaufgabe an, es den Menschen zu sagen, denen Gottes zusagendes Wort gilt. Das Wort Gottes ist Zeugnis vom Leben. Und dieses Wort Gottes im Leben und für das Leben zu bezeugen und zu bekennen gegen Sünde, Tod und Teufel – darin bestand Luthers Werk. Und besteht es für all diejenigen, die auf seinen Schultern stehend in ihrer je eigenen Lebenswirklichkeit die Wahrheit im Dialog assertorisch zur Sprache bringen wollen.

Damals und heute – Ein Blick auf Luther zurück nach vorn

Zu kaum einem anderen „Großen" der Weltgeschichte gibt es so viele Bücher zum Thema „Was mir Luther bedeutet". Von Luthers Wortkraft ist da die Rede, von seinem unerschrockenen Eintreten für das, was er für wahr hielt, von seinem Zweifel und Kampf, von seiner Liebe zur Heiligen Schrift. Manchmal auch von seinem Humor. Luther scheint eine Gestalt zu sein, der man sich – vorausgesetzt, man beschäftigt sich überhaupt mit Geschichte und / oder Religion – nicht entziehen kann.

Und in der Tat: Luthers Weg und Gedanken in seiner Zeit zu verfolgen vermittelt eine Ahnung davon, was für eine Persönlichkeit der Wittenberger gewesen ist. Er fasziniert auf beinahe allen Ebenen: als Privatmensch, als Theologe, als Dichter und Übersetzer. Und sogar die Seiten an ihm, die mit Recht kritikwürdig sind, provozieren dazu, ihn noch ein bisschen besser kennenlernen zu wollen, sich weiter mit ihm zu beschäftigen. Martin Luther hat sein Leben lang Profil gezeigt. Und wer sich mit ihm intensiver auseinandersetzt, der hat kaum eine Chance, über diese Auseinandersetzung nicht auch ein eigenes Profil zu entwickeln.

Was macht Luther so unglaublich faszinierend, was profiliert ihn in diesem Maße über seine Zeitgenossen und – dies sei in aller Offenheit bekannt – über viele, viele andere Theologen und Theologinnen (auch und gerade unserer Zeit) hinaus? Salopp formuliert: Er hat einfach unglaublich gute Gedanken gehabt. Und was noch besser ist: Es waren, wenn man so will, nicht seine eigenen Gedanken. Er hat vielmehr die Stimme des Evangeliums so zur Sprache gebracht, dass sie als je und je eigene Zeitansage bis heute vernehmbar wird. Er hat das Wort Gottes vom Staub der Selbstgefälligkeit verkrusteter Lehre befreit und ihm zu einer Lebendigkeit verholfen, die auch in unseren Tagen ihresgleichen sucht. Er hat hinter dem toten Buchstaben nach dem lebendigen Geist gesucht und alles so lange herumgedreht, bis er den theologischen Kern gefunden hat. Und er hat dabei stets im Blick gehabt, worum es bei diesem Kern geht: um den Menschen, der in Anfechtung und Gewissensnot eines Wortes bedarf, das ihm zum Leben verhilft. Die Bedeutung der Unterscheidung von Gesetz und Evangelium als Unterscheidung von Zeiten hat sich als wichtiges Fundament erwiesen: Nur wer diese Unterscheidung recht zu treffen weiß, ist ein wahrer Theologe. Luther war ein solcher Theologe, der sich immer und stets auf dem Boden der Schrift verstand und sich an diesem seinem Maßstab kritisch überprüfte. Was er in der Schrift entdeckte, war für ihn die Erfahrung, die es zu verkündigen, zu lehren, zu bezeugen galt – ohne jede Furcht, ohne jeden Kompromiss, ohne jeden Dünkel, sondern weil die Sache es erforderte. Dadurch legt Luther über das Leben derer, die sich mit ihm beschäftigen, das Muster der Schrift; er konfrontiert mit der Wahrheit des Evangeliums und wirft hin und her zwischen Anfechtung und Trost. Er treibt mit seinen Schriften in die Schrift hinein und lässt nicht in Ruhe, wenn man selbstgenügsam und selbstzufrieden glaubt, ein guter Christ zu sein und die Wahrheit gefunden zu haben. Luther leitet an zu einem kritischen Umgang mit sich selbst, seinem Leben und der Welt, in der man lebt. Er drängt dazu, die eigene Geschöpflichkeit und Endlichkeit als conditio humana zu verstehen und die Gnade darin zu erkennen; und er lässt nicht allein, wenn man an dieser conditio verzweifelt. Er zwingt dazu, sich als Sünder wahrzunehmen und als Gerechtfertigten zu erfahren. Er definiert den Menschen über alle gängigen anthropologischen Definitionen hinaus als homo iustificandus, als zu rechtfertigenden Menschen, und stellt ihn mit dieser Definition in eine Relation zu Gott und zu den Mitgeschöpfen.

Doch immer noch steht die Frage aus der Einleitung im Raum: Was kann Luthers Profil für das Profil protestantischer Theologie heute bedeuten, ohne dass man dazu den Graben von fast 500 Jahren einfach überspringt, was nicht ohne Schaden für einen selbst und die Sache geschehen könnte? Gewiss, zwischendurch sind immer wieder Elemente angeklungen, die – in ihrer Tiefe ausgelotet – fraglos für protestantisches Lehren und Leben unverzichtbar sind. Doch kann man dies nicht noch grundsätzlicher benennen?

Luther bringt gegen alle Mode und allen Zeitgeist die zeitlose Wahrheit des Wortes Gottes und die zeitlose Wahrheit über das Beziehungsgefüge zwischen Gott und den Menschen zur Sprache. Das 19. Jahrhundert hat Luther auf einen Sockel gestellt und ihn die Bibel wie ein Beutestück in die Luft halten lassen. Und damit ein Lutherbild geprägt, das Luther niemals von sich gezeichnet hätte. Die Bibel ist kein Museumsstück, kein Denkmal. Sie ist lebendig in ihrem zusagenden Wort und sie bringt den zum Leben in Christus, der diesem zusagenden Wort vertraut. Genau dies ist es, was über alle historischen und kulturellen Gräben hinweg zu bekennen ist, und „bekennen" meint: mit Herz, Mund und Händen zu lehren und zu leben. Luther will und muss vom Sockel heruntergehoben werden, damit wir mit ihm gemeinsam durch die Schrift eilen und dieses Wort in unsere je eigene Sprache bringen.

Es gilt hinzuschauen: auf die Sorgen und Nöte der Menschen heute, auf ihre Fragen und Sehnsüchte. Wir leben in einer Welt, die sich in einer ungeheuren Spannung befindet, die darin besteht, dass sie sich durchaus als bedrohte und gefährdete erleben muss, andererseits aber in völligem Vertrauen auf sich selbst und die in ihr wirksamen Kräfte existieren will und existieren zu können glaubt. Religion und religiöses Leben werden in diesem Spannungsfeld entweder zur allein seligmachenden Scheinwahrheit, die fundamentalistisch-radikal als Lösung für alles herhalten muss und gesellschaftliche und politische Entscheidungen ersetzt; oder sie wird als privates Luxusgut in die stille Kammer eingeschlossen, bleibt einem Kreis von Mysten vorbehalten und überlässt Gesellschaft und Politik als das ganz Andere den Nicht-Eingeweihten. Die Fragen und Sehnsüchte der Menschen, ihre Sorgen und Nöte erhalten Etiketten aus der Psychologie, der Soziologie und vielen anderen Wissenschaften, die sich in Bezug auf den Menschen allein für zuständig erachten, und die Theologen als interessante Exoten nur dann ins Boot – etwa der ethischen Entscheidungen – holen, wenn ein gesellschaftlicher common sense sie dazu zwingt, dass es ohne die irgendwie nicht geht. Und umgekehrt suchen Theologen mehr schlecht als recht nach „Anschlussfähigkeit", um in dieser Suche ihren Propria oft genug die Spitze abzubrechen. Theologie traut sich manchmal nicht recht, Profil zu zeigen; die assertorische Rede ist ihr schon lange abhanden gekommen. Nicht selten kriechen Theologie und Kirche der Spaßgesellschaft demütig entgegen und verwechseln Leben mit Aktivismus, steuern wenig wie auch immer gearteten Trends entgegen und reden Ideologien und Modelle von Weltdeutung aus lauter falsch verstandener Nächstenliebe unkritisch schön. Und wo sie das nicht tun, sind sie oft peinlich ewig-gestrig und blind gegen alles, was nicht in ihr beschränktes Bild vom Leben passt. Und so verhungern sie wie Buridans Esel zwischen dem Heuhaufen, den sie für „Heiligen Geist" halten, und dem Heuhaufen, den sie für „Zeitgeist" halten. Wie so oft bleibt es erschreckend leer in der Mitte. Und auf der Strecke bleiben die Menschen, die das lebendige und tröstende, das befreiende und gewiss machende Wort so bitter nötig haben.

Was dringend erforderlich wäre, ist eine theologische Kompetenz und ist das Selbstbewusstsein, diese theologische Kompetenz öffentlich zu machen. Dass Theologinnen und Theologen – also all diejenigen, die ihr Christsein kritisch reflektieren – ein Interesse haben sollten, solche theologische Kompetenz zu erwerben, zu kultivieren und in gesellschafts- und kulturpolitischen Fragen fruchtbringend einzubringen, scheint nicht unbedingt mehr selbstverständlich zu sein und muss daher betont werden. Es gilt, das, was einen selbst zum Leben bringt und am Leben erhält, in der Welt, für die Welt und, wo nötig, auch gegen die Welt zu bekennen. Zu dieser theologischen Kompetenz wiederum gehören im Wesentlichen: Kenntnis und Zustimmung zu dem, worum es in der Theologie geht, nämlich Jesus Christus allein als fleischgewordenes Wort, als Mitte der Schrift und als Erlöser von Sünde, Tod und Teufel; Fähigkeit zu theologisch verantworteter, assertorischer Rede; Bereitschaft zu Kommunikation und Dialog; Liebe zum Mitgeschöpf; Demut, Geduld und Beharrlichkeit; Distanz zu sich, zu anderen und zu anderem; Einsicht in die eigenen Möglichkeiten und Grenzen; Entschlusskraft und Mut zum Fehler in der Vorläufigkeit; aus Hoffnung gespeiste Phantasie und Kreativität; Lebenslust und Lebensfreude.

Eben eine solche theologische Kompetenz kann man an Luther sehen und schärfen. „Lebendig aber", wurde am Ende der Einleitung formuliert, „ist und bleibt Luther nur, wenn und solange sich Menschen mit ihm auseinandersetzen über die Sache, um die es geht." So dient Luthers Profil einer Profilierung der Theologie auch noch heute und weit über das Heute hinaus. Nicht nur in der akademischen Theologie. Sondern überall dort, wo theologische Kompetenz nötig ist, wo Christen gefordert werden, die wissen, was es heißt, Christ zu sein, und die „mit Ernst Christen sein" wollen.

Anhang

Zeittafel

Zu jeder Arbeit über Luther und sein Werk gehört eine Zeittafel, um die im Text getroffenen Beobachtungen immer wieder in den konkreten, historischen Rahmen einbinden zu können. Die folgende Zeittafel verknüpft dabei biografische und bibliografische Daten des Reformators mit den wichtigsten Daten der Reformationsgeschichte.

1483	10. 11. Geburt in Eisleben
1488	Lateinschule in Mansfeld
1497	Schule in Magdeburg
1501	Studium an der Artistenfakultät in Erfurt
1502	Gründung der Universität Wittenberg
1505	Januar Promotion zum Magister artium	2. 7. Gewittererlebnis bei Stotternheim	17. 7. Eintritt in das Augustinereremitenkloster Erfurt
1506ff.	Jubiläumsablass zum Neubau der Peterskirche in Rom
1507	3. 4. Priesterweihe
1508	Versetzung in den Konvent von Wittenberg
1509	Promotion zum Baccalaureus biblicus
1510/11	Romreise in Ordensangelegenheiten
1512	Auf Veranlassung von Staupitz Promotion zum Doktor der Theologie Luther tritt die Nachfolge seines Ordensvikars Staupitz auf die Professur in Wittenberg an
1513–1515	erste Psalmenvorlesung
1515/16	Römerbriefvorlesung
1516	Herausgabe des griechischen Neuen Testaments durch Erasmus von Rotterdam
1517/18	Hebräerbriefvorlesung
1517	4. 9. Disputation gegen die scholastische Theologie	31. 10. Thesenanschlag	1. 12. Albrecht von Mainz strengt eine Untersuchung über Luthers Thesen an
1518	März Johannes Eck verurteilt Luthers Ablassthesen in den „Obelisci"	März „Sermon von Ablass und Gnade"	26. 4. Heidelberger Disputation	Mai Luther antwortet auf Eck in den „Asterisci"	Juni Eröffnung des römischen Prozesses gegen Luther	12.–14. 10. Verhör durch den päpstlichen Legaten Cajetan in Augsburg

1519	27. 6.–16. 7. Leipziger Disputation	28. 6. Wahl des Habsburgers Karl V. zum deutschen Kaiser	30. 8. Verurteilung einiger häretischer Sätze Luthers durch die Universität Köln	7. 11. Verdammung bestimmter Aussagen Luthers durch die Universität Löwen
1520	Februar „Sermon vom Wucher"	Februar Die beiden Verurteilungen aus Löwen und Köln erscheinen	Anfang Juni „Sermon von den guten Werken"	15. 6. Bannandrohungsbulle „Exsurge domine"	Ende Juni „Vom Papsttum zu Rom"	Juni (August in 2. Aufl.) „An den christlichen Adel deutscher Nation"	Oktober „De captivitate Babylonica"	Oktober/November Verbrennung von Schriften Luthers in Löwen, Lüttich, Köln und Mainz	November „De libertate christiana"	10. 12. Verbrennung der Bulle und anderer Schriften der Altgläubigen
1521	3. 1. Bannbulle „Decet Romanum pontificem"	17./18. 4. Luther verteidigt sich auf dem Wormser Reichstag	4. 5. Entführung auf die Wartburg, Beginn des Lebens als Junker Jörg	8./25. 5. Wormser Edikt mit Verhängung der Reichsacht über Luther und seine Anhänger	September „De votis monasticis"	bis 1529 Krieg Karls V. mit Franz I. von Frankreich	Beginn der „Operationes in Psalmos"	1521–1522 Beginn der Wittenberger Unruhen
1522	9.–16. 3. Invokavitpredigten	September/Oktober „Sermon vom ehelichen Leben"	September Luthers Übersetzung des Neuen Testaments erscheint	Erhebung der Reichsritter
1523	Januar Zürich nimmt das Reformprogramm Zwinglis an	März „Von weltlicher Obrigkeit"	Frühjahr „Von der Ordnung des Gottesdienstes in der Gemeinde"	Veröffentlichung der ersten geistlichen Lieder
1524	Jahresbeginn „An die Ratsherren aller Städte deutschen Landes"	Juni Beginn des Bauernkrieges	Juli Regensburger Bund der katholischen Reichsstände	13. 7. Thomas Müntzers „Fürstenpredigt"	Juli/September „Von Kaufhandlung und Wucher"	Oktober Luther legt die Mönchskutte ab
1525	März 12 Artikel der Bauernschaft	April/Mai „Ermahnung zum Frieden auf die 12 Artikel"	Ausbreitung des Bauernkrieges bis nach Thüringen	10. 5. „Wider die mörderischen und räuberischen Rotten der Bauern"	15. 5. Niederschlagung der Bauernaufstände	13.6. Heirat mit Katharina von Bora	Juli Dessauer Bund der katholischen Reichsstände	ab Sommer öffentliche Vorlesungen	Jahresende „Deutsche Messe"	31. 12. Auseinandersetzung mit Erasmus von Rotterdam: „De servo arbitrio" erscheint
1526	Juni–August 1. Speyerer Reichstag	Oktober „Ob Kriegsleute auch in seligem Stande sein können"

1527	6. 5. Sacco di Roma | 1. 6. Gründung der ersten evangelischen Universität in Marburg
1528	März „Vom Abendmahl Christi"
1529	April Protestation auf dem 2. Speyerer Reichstag | April „Vom Krieg wider die Türken" | September Die Türken vor Wien | 1.–4. 10. Marburger Religionsgespräch mit Zwingli | Luthers Katechismen erscheinen
1530	Januar „Von Ehesachen" | 24. 12. Kaiserkrönung Karls V. in Bologna | Juni–November Augsburger Reichstag mit Übergabe der Confessio Augustana (25. Juni) | August „Predigt, dass man Kinder zur Schule halten soll"
1531	27. 2. Gründung des Schmalkaldischen Bundes | März „Warnung an seine lieben Deutschen" | 1531 ff. Vorlesung und Kommentierung des Galaterbriefes
1532	Nürnberger Anstand
1533	Melanchthon verfasst neue Statuten für die Universität Wittenberg mit der Confessio Augustana als Lehrnorm
1534	Jahresbeginn Die Wiedertäufer errichten ihr Reich in Münster | Abschluss der Übersetzung des Alten Testaments | September Erste Gesamtausgabe von Luthers Bibelübersetzung „Biblia, das ist die ganze Heilige Schrift deutsch"
1535	Mitte des Jahres Das Disputationswesen blüht neu auf | 11.–14. 9. Disputatio de fide, Disputatio de lege | 20. 10. Eine der ersten Ordinationen findet in Wittenberg statt | bis 1545 Vorlesung und Kommentierung der Genesis
1536	14. 1. Disputatio de homine, Disputatio de iustificatione (diese evtl. 10. Oktober) | März Calvins Institutio Religionis Christianae erscheint | Mai Wittenberger Konkordie | 2. 6. Einberufung eines Konzils durch Paul III. | Dezember Schmalkaldische Artikel
1537	bis 1538 Antinomerdisputationen
1539	Januar „Wider die Antinomer" | März „Von Konziliis und Kirchen" | April Zirkulardisputation zur Frage des Widerstandes | September 1. Band einer Gesamtausgabe der Werke Luthers erscheint
1540	Bestätigung des Jesuitenordens | Juni–Dezember Religionsgespräche von Hagenau und Worms
1541	Januar Religionsgespräch von Worms (Fortsetzung) | Februar „Wider Hans Worst" | April Regensburger Reichstag mit Fortsetzung der Religionsgespräche
1543	Januar „Von den Juden und ihren Lügen"

Literatur in Auswahl

Die Literatur zur Reformationsgeschichte und zur Person und Theologie Martin Luthers ist nahezu unüberschaubar. Deshalb sind hier nur die allerwichtigsten Quellen genannt sowie in sehr subjektiver Auswahl Sekundärtitel, mit denen man sich leicht auf Spurensuche machen kann, da sie jeweils über weiterführende Literaturangaben verfügen.

Im Text wurde – bis auf wenige, kenntlich gemachte Ausnahmen – aus der WA zitiert und deshalb auf dieses Kürzel verzichtet. Die deutschen Luthertexte wurden behutsam an moderneren Sprachgebrauch angepasst, die lateinischen Texte neu übersetzt.

Quellen

AWA – Archiv zur Weimarer Ausgabe der Werke Martin Luthers. Texte und Untersuchungen, im Auftrage der Kommission zur Herausgabe der Werke Martin Luthers hg. von Gerhard Ebeling, Ulrich Köpf u.a., Köln/Wien 1991ff.

BSLK – Die Bekenntnisschriften der evangelisch-lutherischen Kirche, hg. im Gedenkjahr der Augsburgischen Konfession 1930, 11. Aufl. Göttingen 1992 (zit.: Seite/Zeile)

Luther deutsch. Die Werke Martin Luthers in neuer Auswahl für die Gegenwart, hg. von Kurt Aland, 4. Aufl. Göttingen 1991ff.

Martin Luther: Lateinisch-deutsche Studienausgabe, hg. von Wilfried Härle, Johannes Schilling u.a., bisher 2 Bde, Leipzig 2006

Studienausgabe. 6 Bde. hg. von Hans-Ulrich Delius in Zusammenarbeit mit Helmar Junghans u.a., Berlin 1987ff.

WA – D. Martin Luthers Werke. Kritische Gesamtausgabe, Weimar 1883ff. (zit.:
Band Teilband, Seite/Zeile)
WA.B – dito: Briefe (zit.: Band, Nummer, Seite/Zeile)
WA.DB – dito: Deutsche Bibel (zit.: Band, Seite/Zeile)
WA.TR – dito: Tischreden (zit.: Band, Nummer, Seite/Zeile)

Sekundärliteratur

Aland, Kurt: Hilfsbuch zum Lutherstudium, 4., überarb. Aufl. Witten 1996
Beutel, Albrecht: Luther Handbuch, Tübingen 2005
ders.: Martin Luther. Eine Einführung in Leben, Werk, Wirkung, Leipzig 2006
Bayer, Oswald: Martin Luthers Theologie. Eine Vergegenwärtigung, 3., neu durch-
ges. Aufl. Tübingen 2007
Brecht, Martin: Artikel „Luther, Martin (1483–1546) I. Leben", in: Theologische
Realenzyklopädie 21, S. 514–530
ders.: Martin Luther, 3 Bde., 3. Aufl. Berlin 1986–1987
Ebeling, Gerhard: Luther. Einführung in sein Denken, mit einem Nachwort von
Albrecht Beutel, 5. Aufl. Tübingen 2006
Kaufmann, Thomas: Martin Luther, München 2006
Korsch, Dietrich: Martin Luther. Eine Einführung, 2., überarb. Aufl. Tübingen
2007
Leppin, Volker: Martin Luther, Darmstadt 2006
Lohse, Bernhard (Hg.): Der Durchbruch der reformatorischen Erkenntnis bei
Luther. Neuere Untersuchungen, Stuttgart 1988
ders.: Luthers Theologie in ihrer historischen Entwicklung und in ihrem sys-
tematischen Zusammenhang, Göttingen 1995
Mostert, Walter: Artikel „Luther, Martin (1483–1546) III. Wirkungsgeschichte",
in: Theologische Realenzyklopädie 21, S. 567–594
Schwarz, Reinhard: Luther, 3., durchges. u. korr. Aufl., Stuttgart 2004
zur Mühlen, Karl-Heinz: Reformation und Gegenreformation, 2 Bde., (Zugänge
zur Kirchengeschichte 6/II) Göttingen 1999
ders.: Artikel „Luther, Martin (1483–1546) II. Theologie", in: Theologische
Realenzyklopädie 21, S. 530–567

Zeitschriften mit Hinweisen zu neuester Literatur

ARGL – Archiv zur Reformationsgeschichte – Literaturbericht
Luther. Zeitschrift der Luther-Gesellschaft (jährlich 3 Hefte)
Lutherjahrbuch. Organ der internationalen Lutherforschung. Im Auftrag der
Luther-Gesellschaft hg. von Helmar Junghans (jährlich 1 Bd.)

Personen- und Sachregister

Karl Jaroš
**Das Neue Testament
und seine Autoren**
Eine Einführung

(UTB für Wissenschaft 3087 M)

2008. 315 S. Mit zahlr. Tab. Br.

ISBN 978-3-8252-3087-6

Gleichermaßen grundlegend wie innovativ wird der Leser mit diesem Studienbuch in die Schriften des Neuen Testaments eingeführt. Auf der Basis methodischer Ansätze der klassischen Philologie und der historischen Hilfswissenschaften vermag der Autor überzeugend die Fragwürdigkeit der gängigen Datierungen der Texte sowie der herrschenden Skepsis gegenüber ihren Verfassern darzulegen. Nach einer Einführung in den historischen Kontext stellt er die ältesten griechischen Textzeugnisse vor, benennt deren theologische Schwerpunkte und untersucht den Sprachstil der einzelnen Autoren. Er geht der Frage nach ihrer Identität sowie der zeitlichen Entstehung der einzelnen Schriften nach und diskutiert dann die Problematik der Kanonbildung. Neben dem theologischen und historischen Wissen vermittelt das Studienbuch anschaulich Einblicke in die methodischen Verfahren der Altphilologie und der Altertumswissenschaft. So wird anhand der statistisch-mathematischen Analyse einzelner Textpassagen gezeigt, wie der Sprachstil eines Autors exakt dargestellt werden kann. Ein Vergleich von Texten des Neuen Testaments mit jenen der apokryphen Literatur lässt die Unterschiede zwischen den Schreibweisen deutlich werden.

KÖLN WEIMAR WIEN

URSULAPLATZ 1, D-50668 KÖLN, TELEFON (0221) 91390-0, FAX 91390-11